視覚に障害のある
乳幼児の育ちを支える

編著 猪平眞理

全国視覚障害早期教育研究会会長
宮城教育大学名誉教授

慶應義塾大学出版会

推薦のことば

「全国視覚障害早期教育研究会（略称：全早研）」は、1997（平成9）年設立以来、長年にわたって視覚障害乳幼児の実践的研究に取り組んでこられました。その成果は、毎年開催される全国大会における研究発表をはじめ、機関誌を通して集約され、多くの実践を積み重ねて今日に至っています。今回出版の運びとなった『視覚に障害のある乳幼児の育ちを支える』は、この全早研の生みの親であり牽引車でもある猪平眞理先生の編著によるものであり、全早研における取り組みの成果を凝縮したものといえるでしょう。

「視覚障害教育に携わる者の一人として、現時点で何が最も大切だと思いますか」と問われたら、私は躊躇なく「それは、今まで実践を通して培ってきた視覚障害教育にかかわる技能を、技術として後世に残す努力をすること」と答えると思います。本書はまさに「視覚障害教育にかかわる技能を技術として後世に残す」貴重な財産であり、その意味で猪平眞理先生をはじめ、執筆に携わられた皆様に衷心より敬意を表したいと思います。

　ちょっと古い話で恐縮ですが、私が視覚障害教育の実践に携わり始めた1970年代の初めころまでは、内外の関連する書物に「視覚障害児の発達は著しく遅れる」というデータが様々な形で示されており、概念形成が遅れる、歩き始めが遅れる、身体運動が遅れる、身辺自立がいつまでもできないなど、発達のあらゆる側面に遅れが認められるとみられていました。「外界からの情報源として最も大切な視覚に障害があるのだから、視覚障害児の発達が遅れるのは当然だ」と思われていたのです。

　ところで、米国においては、1950年代に未熟児網膜症によって多くの盲児が出現しました。この未熟児網膜症による盲児をどのように育てたらよいか苦慮していた関係者は、盲児の育児をめぐるそれまでの不適切な対応に気づきます。つまり、盲児は目が見えにくいのだから、あれもこれもできないのが当たり前とみられ、両親や周りの者が何から何まで手助けしてやる、盲

児が積極的に行動しようとしても、危険だからという理由で制止してしまうというのが日常的であったため、盲児の発達の機会は周囲の者によって奪われてしまい、様々な面において発達の遅れが生じていたのではないかということに気づいたのです。そこで関係者は、こうした過保護で不適切な対応を是正することによって盲児の発達を促進することができるのではないかという仮説を立て、家庭訪問等によって保護者に寄り添うとともに積極的な育児方法を指導します。この場合の指導方針は、「視覚に障害のない子どもがやっていることは、盲児にもできるはずである。三輪車乗りや木登り、ごっこ遊びや積み木遊びなど、何でもやらせよう」という点にあり、視覚に障害のない子どもと同等の発達の機会を与えようというものでした。こうした取り組みの結果、盲児は順調に発達し、ほとんど遅れはみられなくなったと報告されています。この報告は、従来みられた遅れの多くが人為的につくられたものであった点を明らかにしました。

　こうした米国における実践報告は、わが国における盲児の育児や指導にも大きな影響を与えました。そして「発達の機会を奪わない」という育児姿勢や、「発達の遅れを強調するよりも発達の促進方策を実践的に研究する」という積極的な対応に変わっていくのです。

　視覚障害児の発達の促進方策を探るためには、実践の積み重ねを多くの関係者が理解できる「技術のことば」として著し、共有財産としていくことが重要ですが、本書はまさに、この役割を担う重要なものであるといえるでしょう。

　さて、前述で「技能」と「技術」ということばを用いましたが、両者の間には大きな違いがあることを指摘しておきたいと思います。昔、有名な刀鍛冶などに弟子入りしても、親方は決して技術を教えなかったといわれています。弟子は、毎日親方の一挙手一投足を見聞し、どのくらいに鉄を熱し、どのくらい鉄を鍛えたらいいかの技能を盗み取ったのです。鉄を何度の高温で何分間熱し、どのくらいの圧力で叩いて鍛えたらいいかということを、図や言語で知識として教えたなら、何年・何十年という長期間を要しなくても親

方のやり方を効率的に取得することができたかもしれません。しかしそんな方法をとらず、親方はもっぱら自分のやり方を弟子に見聞させて実地の経験から教えていくという方法をとったのです。一般に技能は、その技能を持つ者自身が、自らの特性を踏まえた長年の経験で築き上げた技であると解釈されています。これに対して技術は、言葉や数値、あるいは図等を駆使して伝承することができる記録であるということができます。

　本書には、乳幼児期における支援の基本、保護者支援に大切なノウハウ、事例を通した様々な角度からの支援のノウハウなどがきめ細かく、分かりやすく記載されています。本書を読まれた方は、一つひとつの記載にうなずき、納得しながら読み進められることでしょう。しかし、ここに書かれているのは、「視覚障害乳幼児支援の技術」であり、「技能」ではありません。そのため、「技術」のことばを咀嚼し、目の前にいる対象児の実態を直視して、それにふさわしい工夫を凝らした実践を開発していく努力が求められています。これが、「技術」の「技能化」です。書物等で学んだ指導技術を実践の場で活用して、自身の生きた技能として再構築するよう努力する必要があるのです。また逆に、自らの実践によって生み出した指導法等の「技能」を、他の人に伝達可能な「技術」として伝える責務も担っていることを忘れてはなりません。これが「技能」の「技術化」です。

　本書で示された「視覚障害乳幼児支援の技術」が、関係者の間で「生きた支援の技能」に高められ、多くの視覚障害乳幼児の発達に貢献できることを願ってやみません。

2018（平成30）年1月

元　筑　波　大　学　教　授
視覚・触覚情報支援教育研究所主宰

香川　邦生

刊行にあたって

　全国視覚障害早期教育研究会（全早研）は 1997 年に勉強会として発足し、2000 年 2 月に第 1 回大会を開催しています。この度、20 年間の研究活動を本書にまとめることができました。

　この書は、見えない・見えにくい乳幼児に対する育児や保育・教育の具体的な内容や事柄から、それが子どもたちの育ちの何をめざしているのかをとらえようとするものです。

　これまで視覚障害に対応する支援については、手立てにのみ注目されることが多かったのですが、乳幼児の育成には子どもの側からの視点が何よりも必要なのではないでしょうか。視覚に障害があっても、子どもたちがのびのびと心から楽しく遊び、ワクワク挑戦する体験が不可欠であり、そこに支援者の意図する目的や願いを含ませるということです。こうした活動や経験にこそ、「自分で、自分が、自分から」という自我の関与のある学びがあり、子どもたちの自立には心の発達を伴った力の獲得が重要と考えるのです。これが、全早研のコンセプトになっていると思います。

　幼児の教育は、環境を通して行うという、子どもの心の理解に基盤を置いており、学齢期以降の教科書のある教育とは大きく異なる形態です。ここには成果がつまびらかに表れにくいという特性がありますが、教育は長いスパンで子どもたちの成長を見守るものでなければなりません。

　また最近は、幼児期の「心の理論」が注目されるようになってきました。それは、他者にも自分と同じように心のはたらきがあると理解し、予測して、さらに自らの気持ちを調整しつつ他者と折り合って行動できるようになるという「心の育ち」です。この発達は将来にわたって必要とする学びに向かう力であり、人間性等に深く関わるものです。これまでも日本の幼児教育では心情・意欲・態度を育むことは重視されてきましたが、これからは幼児期の心の育ちの重要性が高まるばかりです。

　視覚障害のある乳幼児には、表情やことばの伝達に曖昧さが多く、視覚的情報やイメージ・概念を他者と共有する難しさが存在します。そのため健全な心の発達をめざすには、特にこまやかで念入りな配慮が必要であることを本書でお伝えできたらと思います。

　本書の執筆者は、全早研創設から活動の核となってきたメンバーです。このほとんどが私も含めて 10 〜 20 年以上視覚障害教育に携わってきた者です。本書が少しでも今後この分野を担ってくださる方々の助けとなり、保護者の方々の育児にも役立つものとなれば幸いです。

　最後に、本書の出版にあたってご協力いただいた多くの皆様に深く御礼を申し上げます。

　視覚障害教育の発展に理論から臨床まで幅広く貢献してこられた香川邦生先生には温かい推薦のおことばを賜りました。また、全早研の顧問として長く私どもに励ましをいただいている富田香先生、柿澤敏文先生、また研修会等でご教示いただいた山口慶子先生、千木良あき子先生、吉野由美子先生にも加わっていただき、感謝の念に堪えません。そして、慶應義塾大学出版会の西岡利延子氏には編集の最後の最後までこちらの意図を丁寧に生かしてくださり多大なお力添えをいただいたことに厚く御礼申し上げます。

2018（平成 30）年 1 月

全国視覚障害早期教育研究会会長

宮 城 教 育 大 学 名 誉 教 授

猪 平　　眞 理

※なお、本書で表示する子どもの名前は仮名とし、
　人物の写真は必要な了解を得て掲載しています。

増刷（3刷）にあたって

『視覚に障害のある乳幼児の育ちを支える』という本書は、2018年2月24日に初版第1刷が発行されています。それからわずか1年少々の間に2回めの増刷が行われると、編著者の猪平先生からお聞きしました。障害児教育の中でも非常にマイナーな視覚障害教育の世界で、このような早さで増刷が行われるのは異例であり、如何に多くの関係者がこの本を待望していたかの証だろうと思います。この教育に携わる教師のみならず、保護者や医療・福祉の関係者あるいはボランティアの方々にも読みやすく分かりやすい本として受け入れられている証だろうとも思います。

　本書がそうした方々に受け入れられ、視覚障害乳幼児の育ちを支える実践の原点として、ますます大きな役割を果たしていくことを期待しています。

　2019年4月

香川　邦生

　本書は「簡潔で親しみやすい」と評していただくことが多くあります。「見えない、見えにくい幼い子どもの理解と支援や教育のあり方を、簡素に分かりやすく」が企画の意図でしたが、いくらかでもそれがお届けできているのかと、とてもありがたく思います。ただ、全体をコンパクトにするために、各項目は課題となる核の部分に絞っています。子どもの成育過程は個々に大きく異なり、日常の生活や遊び、活動の状況は多岐にわたります。その対応に十分お応えできていないところは、行間に込められた執筆者の考えや願いを捉えて、参考にしていただければ幸甚に存じます。

　2019年4月

猪平　眞理

目　次

推薦のことば　　香川邦生　iii

刊行にあたって　猪平眞理　vi

増刷（3刷）にあたって　香川邦生・猪平眞理　viii

第1章　視覚の仕組みと乳幼児の視覚障害

第1節　乳幼児の視覚の発達と視覚障害　　　2　　　　　　　　　柿澤敏文
　　　⑴　乳幼児の視覚の発達　2
　　　⑵　視覚発達のパターンとその促進　3
　　　⑶　視覚障害とは　6
　　　⑷　乳幼児の視覚障害の原因　7
第2節　小児の眼の疾患 ── 病態と留意点　　　9　　　　　　　富田　香
　　　⑴　視覚に関して援助の必要な子どもの病態　9
　　　⑵　機能弱視　9
　　　⑶　器質弱視 ── 代表疾患と、教育の場での留意点　13

第2章　乳幼児期の発達の特性と支援の基本

第1節　視覚障害のある乳幼児の早期の支援と育児（0〜2歳頃）　21　猪平眞理
　　　⑴　早期の支援活動は保護者支援から　21
　　　⑵　主体的な感覚の活用を励ます支援　21
　　　⑶　運動の励まし　26
　　　⑷　生活を学ぶ　27
第2節　視覚障害のある幼児の指導の基本（3歳頃〜就学前）　29　猪平眞理
　　　⑴　運動能力の向上　29
　　　⑵　人、物、ことと関わる具体的直接的経験　32
　　　⑶　手で観る力の育成：盲児を中心に　34
　　　⑷　弱視児の視知覚の向上　37
　　　⑸　人と関わる力の育成：保育機関における配慮として　39

第3章　早期からの保護者支援

第1節　視覚特別支援学校（盲学校）の育児支援　　44　　　　　　　　　崎山麻理
　　　(1) 保護者支援に時間をかける　44
　　　(2) まず「お母さん」にしてあげたい —— 母性の立ち上げのために　45
　　　(3) 早期発見と継続的な支援のための地域ネットワークづくり　48
第2節　育児支援を行う基本　　51　　　　　　　　　　　　　　　　　馬場教子
　　　(1) 子育て支援とは　51
　　　(2) 幼児の問題に関するキーパーソンとして　52
　　　(3) 日常の暮らしから　52
　　　(4) 進路の相談と福祉制度利用の援助　53
　　　(5) 保育園のコンサルテーション　54
　　　(6) 早期療育　55
第3節　医師の立場から教育相談への連携　　58　　　　　　　　　　　山口慶子
　　　(1) 告知から障害の受容　58
　　　(2) 豊かな養育のために　58

第4章　支援と指導の配慮 —事例を交えて—

第1節　運動・身体づくり：身体を動かす楽しさから　　　　　　　　　　　64
　　1　姿勢・身体づくり：首の座りから歩行まで　64　　　　杉山利恵子・森 栄子
　　　(1) 乳児期の動きづくり　64
　　　(2) ひとり歩きに向けた身体づくり　67
　　2　リズム運動で楽しく身体を動かす　70　　　　　　　　　　　　今井理知子
　　　(1) 視覚障害児にとってのリズム運動　70
　　　(2)「体を動かすって楽しい」を伝える　70
　　　(3) 基礎的な動きをしっかりと　71
　　　(4) 自分の身体をコントロールする　71
　　　(5)「動きことば」と「リズム」で、いろいろな動きを伝える　72
　　　(6) 協応的運動を伝える　73
　　　(7) 大きな動きを伝えるための道具の工夫　74
　　　(8) 毎日の生活に組み込んで　75
　　3　運動遊び　76　　　　　　　　　　　　　　　　　　　　　　　高見節子
　　　(1) 運動遊びの目的　76

　　　　　⑵　歩く・走る　76

　　　　　⑶　遊具を使っての遊び　77

　　　　　⑷　乗用玩具での遊び　77

　　　　　⑸　手具・用具を使った運動遊び　78

　第2節　視覚障害のある乳幼児に対する摂食嚥下リハビリテーション　　82
　　　　　　　　　　　　　　　　　　　　　　　　　　　　　　千木良あき子

　　　　　⑴　視覚障害乳幼児の食の問題について　82

　　　　　⑵　摂食嚥下機能発達の基礎知識　83

　　　　　⑶　心に残ったケース　86

　第3節　子どもにとっての生活習慣の自立とは　　88　　　　　　荒木良子

　　　　　⑴　生活習慣の自立とは —— 子どもの願いを形に　88

　　　　　⑵　食事の自立とは　89

　　　　　⑶　排泄の自立とは —— トイレトレーニング　90

　　　　　⑷　本人の意欲と他者との関係から生まれる「自立」—— ナナさんの事例から　92

　第4節　コミュニケーションとことば　　99

　　　1　ことばとコミュニケーション　99　　　　　　　　　　荒木良子

　　　　　⑴　ことばの成り立ちを考える　99

　　　　　⑵　ことばの働きを考える　104

　　　　　⑶　子どもに伝わることば、子どもが使うことができることば　105

　　　　　⑷　話をしたい人であること　107

　　　2　絵本と読み聞かせ　109　　　　　　　　　　　　　　猪平眞理

　　　　　⑴　絵本の読み聞かせ　109

　　　　　⑵　絵本と視覚障害児　109

　　　　　⑶　視覚障害児のための絵本　110

　　　3　お話遊び　113　　　　　　　　　　　　　　　　　今井理知子

　第5節　手指機能・触覚の世界　　116

　　　1　幼児の遊びと、触ること　116　　　　　　　　　　今井理知子

　　　　　⑴　「あなたの周りにはすてきなことがいっぱい」を知らせていく　116

　　　　　⑵　「手で見る」子どもたち　119

　　　2　造形遊びと触ること　123　　　　　　　　　　　　猪平眞理

　　　　　⑴　素材から　123

　　　　　⑵　用具や教具から　125

　　　　　⑶　触って描く絵　126

　第6節　弱視幼児の視覚活用の促進　　128

　　　1　視覚活用をはかる環境づくりと支援　128　　　　杉山利恵子・森 栄子

　　　　　⑴　視覚活用を促進していくための環境づくり　128

　　　　　⑵　視覚活用を促すための支援で大切なこと　129

 2 早期からの視覚活用を促す関わりの例 135   髙橋奈美

   ⑴ Yくんの育ちに寄り添った関わりから 135

   ⑵ 早期からの関わりを通じて 138

 3 追視、注視を促すためのPC、モニター画面を活用した活動例 139

                 中村素子・坂本由起子

   ⑴ 幼稚部での幼児の実態 139

   ⑵ 活動のねらいと提示方法 139

   ⑶ 活動の実際 140

 4 ぬり絵を通しての弱視幼児の指導例 143   中野由紀ほか

   ⑴ ぬり絵の図柄の選択について 143

   ⑵ 図柄への工夫 143

第7節 保育の環境構成と、遊具・玩具の工夫   146

 1 幼稚部保育室の環境構成 146   高見節子

   ⑴ 整理された環境 146

   ⑵ 収納場所は固定 147

   ⑶ 色彩に配慮した表示 147

   ⑷ 触って分かりやすい表示 148

 2 遊具・玩具の活用の目的と主な種類 150   高見節子

   ⑴ 手指の操作能力、注視・追視を促す 151

   ⑵ 目と手の協応、両手の協応を促す 152

   ⑶ 身体の動きを誘う 152

   ⑷ 形態・数の理解を促す 153

   ⑸ 触察・点字への関心を誘う 154

   ⑹ 文字・図柄への関心を誘う 154

 3 手作り遊具・玩具の特性と紹介 157   杉山利恵子・森 栄子

   ⑴ 手作り遊具・玩具について 157

   ⑵ 発達段階を加味した見やすく関わりやすい玩具 159

   ⑶ 手作り遊具・玩具の紹介 160

補章 就学に向けて   165   猪平眞理・楠田徹郎

  子どものさらなる成長を願う教師の思い

  ・「全盲のIさんを担当してくださる方へ」 170   久田まり子

  ・小学校 弱視学級を担当して 171   中野由紀

  ・共感し合える仲間づくりの大切さ 172   髙橋里子

  ・視覚障害と肢体不自由を併せ有する子どもたちに出会って 173 岩本真抄

コラム　育児相談の役割は、お母さんたちを応援すること　42　　　　　　岩倉倶子

院内で気軽に相談を　50　　　　　　楠田徹郎

身体障害者手帳（視覚障害）の取得を！　56　　　　　　吉野由美子

NICU から途切れない支援を　61　　　　　　中野由紀

さわる絵本　112　　　　　　猪平眞理

盲学校内で行うインクルーシブ保育の試み　174　　　　　　猪平眞理

視覚に障害のある乳幼児の発達を把握する工夫　178

猪平眞理・岩本真抄・全早研発達研究グループ

著者紹介　180

第 1 章

視覚の仕組みと乳幼児の視覚障害

手を使う

第1節　乳幼児の視覚の発達と視覚障害

(1) 乳幼児の視覚の発達

　出生直後の新生児でも、様々な感覚刺激に対して、たくさんの弁別反応を示します。視覚刺激や聴覚刺激、あるいは前庭系への刺激を新生児に提示すると、心拍数の減少が生じます。また、生後48時間程度の新生児に特定の視覚パターンを提示すると、そのパターンを選択的に注視する選好注視（子どもが好んでじっと見る行動）が認められ、さらに、音のするほうへ頭や眼を向ける反応も認められます。これらの反応、特に、選好注視をもとに、乳幼児の視機能が測定され、その発達について明らかにされています。

1）視力の発達

　視力の発達について、用いる装置によってその値は多少異なりますが、生後2カ月で片方の眼で見たときの縞視力は0.02、3カ月で0.03、4カ月で0.05、5〜6カ月で0.04〜0.07、11〜12カ月で0.08〜0.15、17〜18カ月で0.20〜0.22、24カ月で0.36、36カ月で0.91という報告があります。

　成人や学齢児と同じ視力の検査が適用できる3歳以降では、視力1.0を示す割合は3歳児で67％、4歳児で72％、5歳児で83％です。この時期は、多数の視標の中からひとつを読ませる字詰まり視力検査（大人に行う普通の方法）よりも、単一の視標を用いた字ひとつ視力検査（ひとつのマークのみが描かれたカードを用いる方法）による視力値のほうが高く、上記の割合は字ひとつ視力検査による値です。視力は、さらに、6〜8歳まで発達します。

2）視野の発達

見える範囲である視野の発達についてはその測定が難しく、これまで、十分に検討されていません。視野の周辺に提示した対象をとらえる眼球運動が生じるか否かを観察する便宜的な方法による視野の測定結果では、生後2〜6週では左右方向の視野がそれぞれ15〜20度です。生後8週以降、視野は徐々に拡大し、学齢期以降も発達を続け、12歳前後で成人の範囲である、固視点からおよそ鼻側へ60度、耳側へ100度、上方へ60度、下方へ70度に到達すると考えられています。

3）眼球運動の発達

新生児には随時、目的のない眼球運動が認められます。また、ペンライトなどを視野の周辺に提示すると、それに対する眼球運動も観察されます。この眼球運動はすべて、動きの速い眼球運動です。動く対象を追いかけるスムーズな運動は、生後3カ月では未確立ですが、徐々に発達します。近くの物を見る際に眼球が内側に寄る動きである寄り目は、3カ月以前にも認められますが、成人と質的に同じレベルに達するのは6カ月です。

4）色覚の発達

生後2カ月で多くの色を白い背景から区別できること、4カ月における色弁別が成人の色カテゴリーと対応すること等、乳児の色覚に関して、生後早期の成熟を示す結果が報告されています。しかし、出生時の網膜の中心部（黄斑部）は、解剖学的・生理学的、心理学的に不完全で、成人の網膜周辺部と類似した性質を示すことから、色覚に関しても幼児期にはその能力は低く、網膜の成熟にともない、10歳頃までに徐々に成人に近い色覚を獲得すると考えられています。

⑵ 視覚発達のパターンとその促進

一般的な視覚の発達は、生後の神経発達と、環境からの刺激・学習によっ

て進んでいきます。そのため、視覚の発達のパターンは、個々人の神経発達パターンに応じて、また、環境に応じて、様々です。さらに、例えば視力について、生涯を通じて変化し続ける可能性があります。これは、見づらさのある子どもの場合にもあてはまります。

　これまでの研究によって、視機能の発達に関する知識が増加し、視覚発達のいくつかのパターンが明らかとなっています。乳児期の視覚発達をみてみると、正常、遅延、停止の3つの状態に分類できます。ここでは、乳児期早期および後期の視覚発達の遅延状態と停止状態についてまとめるとともに、視覚発達を促すことの重要性に触れます。

1）乳児期早期の視覚発達の遅延状態：4つのタイプ

　生後すぐの視覚発達の遅れには様々なタイプがありますが、ここでは、4つのタイプについて触れます。

・タイプ1……他に異常がなく、視覚発達のみ遅れている場合で、多くの場合、生後6カ月までに急速に発達が進み、正常な発達に追い付きます。

・タイプ2……神経発達に異常が認められるタイプで、その場合、発達に制限があり、回復する場合にも長い年月が必要となります。

・タイプ3……眼振や白子症に随伴するタイプで、生後6カ月までに視覚発達が急速に進みますが、正常な発達にまでは至りません。

・タイプ4……視覚器のいずれかに異常がある場合で、視覚発達に制限を受けます。レーベル黒内障や小眼球、虹彩欠損症、視神経形成不全、視神経欠損などの重度で永続的な眼の病気のある乳幼児は、タイプ4に分類され、特に、発達が阻害されやすく、視力の回復は限られます。

2）乳児期後期の視覚発達の遅延状態

　乳児期後期の視覚発達において、正常な発達レベルに到達しないまま、それ以上の発達が認められない場合があります。この発達パターンは、乳児期早期に正常な視覚発達が認められた場合にも、視覚発達に遅れがあった場合

にも生じる可能性があり、発達のレベルは障害の程度によって異なります。

　例えば、トキソプラズマ症によって網膜の中心部（黄斑部）に大きな損傷が生じた乳児の視覚発達は、生後3カ月程度の間は正常ですが、その後、視力が0.1程度で止まってしまう場合が多いことが知られています。白子症の子どもでは、乳児期早期には視覚反応がまったく無く、その後、回復が認められますが、正常なレベルに達する前に発達が止まってしまう場合が多いことが知られています。

　視力の発達が、正常発達より少し低いレベルで、正常発達に対して平行に進んでいくパターンもあります。このパターンは、無水晶体症や重度未熟児網膜症においてみられます。

　なお、乳児期早期・後期にたとえ正常な視覚発達が認められても、回復困難な眼の病気や神経変性、脳腫瘍など、様々な眼科学的、神経学的状態が生じれば、後に視力が低下する可能性があります。

3）発達の停止状態

　線維血管組織などの眼球内部の異常や、第一次硝子体過形成遺残、重度未熟児網膜症などの場合、生涯を通じて視覚障害が不変のままとなりがちです。一方、以前は視力に変化が認められないと考えられていた場合においても、最近の研究では視力の回復や変化が認められる場合があることが明らかになっています。そこで、完全に眼球組織が欠如している場合以外は、視力の回復の望みがあると考えて、アプローチが行われています。

4）視覚発達の促進の重要性

　生後ある時期まで、子ネコに縦縞だけを見せて育てると、成長しても横縞の刺激を認識できないという実験結果があります。横縞の刺激を生後受けなかったがゆえに、横縞に反応できない脳が出来上がってしまったのです。このように、生後の環境からの情報が、脳の正常な発達には不可欠です。環境からの情報によって、脳の神経細胞同士を結ぶシナプスの結びつき方や、情

報の伝達の効率が変化し、特定の情報を処理する神経の回路が形成されます。特に乳児期には、ある機能を担う脳の回路が集中的に作られる時期があり、臨界期（敏感期）と呼ばれています。

　見えづらさのある子どもでは、視覚系の神経回路の発達が生じる臨界期（敏感期）に、眼球の角膜や水晶体、硝子体、網膜、その他の器官の形成・発達が脳の神経回路の形成に十分なまでに達していない場合が多いことが知られています。その場合には、前述の視覚発達の遅延を引き起こす一因になります。そこで、特に見えづらさのある子どもに対しては、見る体験を豊富にし、保有する視覚の機能を最大限に引き出すような環境の整備が重要となります。

　加えて、視覚に障害のある子どもに対して、見えているものの意味を提供することが視覚の発達を促進する上で大きな意味をもってきます。このため、生後早期からの介入が有効となります。そのほか、触覚や聴覚を一緒に使いながら、早期の視覚経験を積み重ねることが、見えづらさのある子どもの見る能力を高めることに結びつくといえるでしょう。

(3) 視覚障害とは

　視覚障害は、見るための身体の器官である眼球やその付属器の健康状態の変化（病気、変調、傷害など）によって、①眼鏡などで矯正しても回復が不可能で永続する視機能（視力、視野、色覚、暗順応、眼球運動、調節、両眼視など）の障害、②歩行やコミュニケーション、身辺処理などの活動の制限、③社会生活における参加の制約、のある状態の総称です。これらの状態は背景因子（環境因子と個人因子）と相互に作用し合いながら常に変化していると考えられています[1]。

　見る機能である視機能には、視力、視野、色覚、暗順応、眼球運動、調節、両眼視など各種のものがあります[2]。視覚障害では、これらの視機能のうちのひとつだけに障害がある場合と、数種類のものが重複した場合とがあります。なお、視覚障害は、手術その他の治療がすべて行われ、矯正眼鏡やコン

タクトレンズなどの矯正処置が完全にとられてもなお残る回復困難な状態を指します。

　視覚障害は、盲と弱視に分類されます。盲は、視覚を用いて日常生活を行うことが困難な状態であり、弱視は、視覚による日常生活は可能ですが著しく不自由な状態です。なお、眼科の領域でも「弱視」という用語がありますが、それは見るための身体器官である眼球やその付属器に病変がないか、あったとしても、それだけでは説明のつかない視力低下を伴う状態を指しており、教育の領域で言う弱視とは意味が異なります。眼科の領域で用いられる弱視は、「機能弱視」あるいは「医学的弱視」とも呼ばれ、視機能の発達期に斜視や屈折異常などがあってものを見ることが妨げられた場合に起こる視機能の発達不全を指しています。

　弱視の見えにくさは一様ではなく、いろいろな側面があります。香川[3]はこれらを、①ピンボケ状態（屈折異常で網膜に像が鮮明に結ばれない状態）、②混濁状態（角膜や水晶体が混濁することで光が乱反射している状態）、③暗幕不良状態（虹彩疾患や色素欠損などで眼球内が暗く保てない状態）、④照明不良状態（視細胞機能の低下で光量の過不足の状態）、⑤振とう状態（不随意な眼球の動き［眼振］で網膜像が常に動いている状態）、⑥視野の制限状態（視野狭窄や中心暗点のある状態）に分類しています。

⑷ 乳幼児の視覚障害の原因

　視覚障害の原因は、社会的環境の変化や治療医学の進歩、衛生思想の普及によって著しい変化が認められています。2015年度に視覚特別支援学校（盲学校）に在籍した幼児（3～5歳）の視覚障害原因についてみてみると、感染症や栄養障害などによる視覚障害の発生が昔にくらべて激減した一方、先天素因による割合が増加し、在籍幼児の75％を占めています。眼疾患としては、小眼球・虹彩欠損症、未熟児網膜症、視中枢障害、視神経低形成、角膜白斑などが主要な疾患として挙げられます[4]。

引用・参考文献 ───

1）World Health Organization (2001). International Classification of Functioning, Disability and Health.
　障害者福祉研究会（編）『ICF　国際生活機能分類──国際障害分類改定版』中央法規、2002 年.

2）柿澤敏文「視覚障害の生理学」、宮本信也・竹田一則（編著）『障害理解のための医学・生理学』明石書店、2009 年、p203-256.

3）香川邦生（編著）『五訂版　視覚障害教育に携わる方のために』慶應義塾大学出版会、2016 年.

4）柿澤敏文『全国視覚特別支援学校及び小・中学校弱視学級児童生徒の視覚障害原因等に関する調査研究──2015 年度調査 報告書』筑波大学人間系障害科学域、2016 年.

（柿澤敏文）

第2節　小児の眼の疾患——病態と留意点

(1) 視覚に関して援助の必要な子どもの病態

　視覚に関して援助の必要な子どもの病態は、実は複雑なことが多いのです（図1-2-1）。眼疾患（目の疾病）による器質弱視に加えて、視覚感受性期間特有の斜視や屈折異常（遠視・近視・乱視）による機能弱視、そして知的障害や発達障害を含む中枢性の視力障害が複雑に絡み合っていることがしばしばみられます。

　子どもがこの病態のどこに位置しているのかをきちんと把握することが眼科診療の上で大切ですし、またその病態に沿って、療育や教育の場で適切に本人とご家族を支援していくことが大切なポイントとなります[1]。

(2) 機能弱視

　機能弱視は、明らかな眼疾患がないにもかかわらず、視力や、両眼を使って立体的に物を見る両眼視機能などの視機能が制限を受け、視活動に支障をきたすような病態です。原因としては形態覚遮断（目の中に光や外界の景色が入らない状態）、斜視、強い屈折異常が挙げられます。これは視覚の発

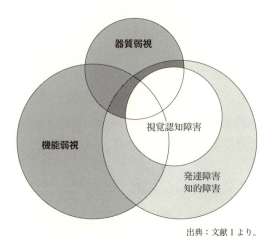

出典：文献1より。

図 1-2-1
視覚に対する支援の必要な子どもの病態

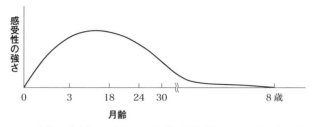

ヒトの視覚の感受性は、生後 2〜4 週間は比較的低く、その後、急に高くなり、1 歳 6 カ月頃までが最も強い時期であり、その後は次第に減衰して 8 歳の終わり頃まで続くと考えられます。

出典：文献 3 より。

図 1-2-2　ヒトの視覚の感受性期間

達期に特有のものとされます[2]。

　形態覚遮断に関するヒトの視覚の感受性期間（影響を受ける期間）は、生直後 2 〜 4 週間は比較的低く、その後急に高くなり、1 歳 6 カ月頃までが最も強い時期であり、その後次第に減衰して 8 歳の終わり頃まで続くと考えられています（図 1-2-2）[3]。逆に言えば、この時期に視力発達が起こるわけで、8 歳頃までの時期が、いかに大切かが分かります。

　子どもの視機能が発達していくためには、両眼「同時」に、「網膜中心窩（網膜上の最も精度の高い視覚に関わる場所で、瞳孔から入った光がまっすぐに届く場所）」に「鮮明な像」が、結ばれることが必要とされます。上記のどれかが 8 歳頃までの視覚感受性期内に阻害されて起こるのが機能弱視なのです（眼科ではこの機能弱視を単に「弱視」と呼びます）。

　機能弱視は重症度の順に、形態覚遮断弱視、斜視弱視、不同視弱視、屈折異常弱視に分類されます。

1）形態覚遮断弱視

　一眼または両眼の形態覚遮断によって引き起こされる弱視です。もっとも重い弱視で、例えば大きな血管腫が眼瞼（まぶた）にあってほとんど目が閉じてしまっているようなときに起こります。両眼視機能の発達がもっとも強

く阻害されます。また片眼のほうが両眼の場合よりも重症化することも特徴のひとつです。小さな子どもに眼帯をしてはいけないのは、眼帯によって形態覚遮断弱視が起こるからです。

　一度起こってしまうと、回復することがとても難しいため、形態覚遮断を起こさないように予防することが最も大切です。

2）斜視弱視

　斜視があると、固視眼（見ているほうの目）と斜視眼（視線がずれているほうの目）が、それぞれ別の方向を見てしまうため、混乱を生じてしまいます。この混乱を避けるため、斜視眼では見ようとしなくなるために生じるのが斜視弱視です。大人では斜視が起こった場合、物が2つに見える複視の状態になりますが、視覚感受性期内の小児では複視は自覚されないか、自覚されても短期間で、あっという間に弱視になってしまうのです。

　斜視弱視は、内斜視に起こりやすい特徴があります。

　治療は屈折矯正（適切な眼鏡を装用すること）に加えて、健眼遮閉（良いほうの目を一定時間ふさいで、悪いほうの目を強制的に使わせる方法）を行うことが中心となります。

3）不同視弱視

　不同視とは、左右の眼の屈折度、つまり遠視・近視・乱視の度数に大きな差のある状態をいいます。

　片眼に強い遠視・乱視・近視などの屈折異常があると、その眼の網膜像は不鮮明となってしまいます。鮮明な像を持つ眼と、不鮮明な像を持つ眼との間に競い合いが起こり、不鮮明な像の眼を使わないようになるため、その眼の視力発達不全が生じ、不同視弱視となります。

　3歳頃までに発見できれば、屈折矯正と健眼遮閉による弱視訓練により治癒が可能です。片眼がよく見えていると、子どもは何不自由なく行動しますので、行動から片眼の弱視に気づくことはできません。このため3歳児眼科

健診での視力検査がとても大切です。

　治療の基本は屈折矯正です。しかし健眼（屈折異常の少ないほうの目）の視力が良いため、眼鏡をかけるとよく見えるという実感が出にくいことが多く、眼鏡装用に手こずることがあります。また、眼鏡装用だけで視力の左右差がなくならない場合は、健眼遮閉を 1 日 2 ～ 3 時間行うことが治療の基本となります。

4）屈折異常弱視（非正視弱視）

　両眼の強い屈折異常によって生じる両眼性の視力発達不良をいいます。左右眼の競合が起こらないため、「眼鏡をかけるとよく見える」という眼鏡の効果が比較的実感しやすいため、治療のしやすい弱視だといえます。

　ただし、眼鏡をかけてもすぐ良く見えるようになるわけではなく、終日装用が可能となって 1 カ月くらいして、初めて眼鏡があったほうが見やすいという感覚が生まれてきます。それまでは眼鏡装用に関して、周囲の大人の丁寧な援助が必要です。

5）機能弱視の治療

　視覚感受性期間内が治療可能期間となるため、時間との勝負といえます。

　治療の目的は、両眼ともにできるだけ良好な視力と、立体視（三次元で見ることができる力）が得られることです。治療の基本は、何といっても適切な眼鏡を終日装用させることです。それに加えて、斜視弱視や不同視弱視では視力の良いほうの眼をふさいで、悪いほうの眼を強制的に使わせる、健眼遮閉による弱視訓練を行うことがしばしばあります。年齢が小さいほど短時間で効果が出ますが、弱視訓練は子どもにとってとても辛いトレーニングですので、できるだけ効果的に、必要最小限でしっかり行うべきだと思います。

　治療に関しては、ご家庭だけでは難しいことも多く、療育や教育の場での協力が必須です。

(3) 器質弱視——代表疾患と、教育の場での留意点

　様々な眼疾患による視力不良です。器質弱視を起こしやすい代表疾患と、教育の場での留意点を述べたいと思います。

1）未熟児網膜症

　発達途上の網膜血管に起こる増殖疾患で、発現頻度や程度は、網膜血管の成長が未熟であるほど高くなります[4]。このため、在胎週数、出生体重が少ないほど発症率が高く、重症になりやすいです。

　重症度によって治療は様々ですが、増殖を抑えるために光凝固術が行われることが多く、さらに増殖性変化が強い場合は、網膜硝子体手術となります。このときに水晶体を摘出することがあります。光凝固が多い場合は、強度近視になりやすいことが知られており、また水晶体を摘出した後は強度遠視となります。眼位異常（斜視）とそれに伴う両眼視機能異常も高頻度でみられます。

　また全身的にも脳室周囲白質軟化症に伴う脳性麻痺の合併も多くみられ、知的障害の合併もしばしばみられます。

・教育の場での留意点

　脳性麻痺、知的障害等重複障害のお子さんに多いことに注意が必要です。屈折異常からくる屈折異常弱視、不同視弱視の治療のため、眼鏡の管理が大切です。斜視と斜視に伴う斜視弱視や両眼視機能異常、光凝固による視野狭窄、脳室周囲白質軟化症に伴う空間認知障害についても留意する必要があります。網膜硝子体手術を受けている児童生徒では、打撲に注意する必要があります。

2）先天無虹彩症

　生まれつき虹彩がないか、わずかな痕跡程度のため、羞明（強いまぶしさ）がみられます。また黄斑低形成（図1-2-3）の合併があるため、低視力

13

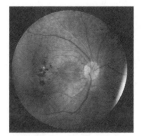

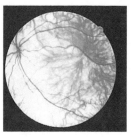

左眼の眼底写真。
視神経乳頭から耳側を撮影している。
黄斑部がみられない。

視神経乳頭に異常はみられないが、網膜血管は動脈が顕著に狭細化している。黄斑部に黒い色素沈着がみられ、網膜全体の反射は粗造で色調の変化が全体的にみられる。

色素が少なく、網膜血管の下に脈絡膜血管が透見できる。黄斑部ははっきりとはみられない（黄斑低形成）。

図 1-2-3　先天無虹彩症にみられる黄斑低形成

図 1-2-4 Leber 先天盲の眼底

図 1-3-5 眼皮膚白皮症の眼底

であり眼振（目の揺れ）を伴います[5]。屈折異常はほぼ必発で、白内障、斜視の合併はしばしばみられます。また、緑内障の合併が多くみられますが、どの時期に出てくるか分からないため、定期的な検査が必要となります。角膜輪部幹細胞の異常があり、成長するにつれ徐々に角膜混濁となり、視力低下が進行することがあります。屈折、眼圧、白内障の進行、角膜混濁の進行に関して定期的な検査が必要です。

・教育の場での留意点

　低視力ではありますが、幼児期では 0.1 前後は見えることが多いです。羞明と屈折異常に対し、遮光機能をもった矯正眼鏡が必要となります。斜視の合併がみられれば両眼視機能は不良です。緑内障がある場合は、点眼治療への協力が求められます。定期的な眼科受診は生涯にわたって必須です。

3）先天角膜混濁

　Peters anomaly や Axenfeld-Rieger anomaly で代表される先天前房隅角形成不全症候群、強膜化角膜症などの前眼部異常による先天角膜混濁は、重篤な視覚障害の原因となります[5]。先に述べた形態覚遮断弱視を起こすため、角膜移植術等の適応となる可能性はほとんどありません。

視反応（物が見えているような反応）がみられることが多いのですが、角膜混濁そのものが進行することもあり、続発緑内障や白内障の発症により視機能が徐々に低下してしまうことがあります。

・教育の場での留意点

低視力に加え、斜視の合併も多く、両眼視機能は不良のことが多いです。後眼部の状態が良い場合は、混濁が強くても色に対する反応が良いことがあります。また緑内障の発症がなければ、視野は比較的保たれます。

4）先天白内障

原因は遺伝性のもの（常染色体優性遺伝、常染色体劣性遺伝、伴性劣性遺伝）、全身疾患に伴うもの（ガラクトース血症などの代謝異常、Down 症候群などの染色体異常、アトピー性皮膚炎、その他 Lowe 症候群など）、子宮内感染症によるもの（先天風疹症候群、トキソプラズマ症など）、薬剤性（ステロイド）、放射線、外傷、他の眼疾患に伴うもの（先天無虹彩症など）など原因は様々です[6]。

白内障の混濁の強さや場所によって、視機能への影響は大きく変化します。形態覚遮断弱視を引き起こすため、同じくらいの白内障であれば両眼性よりも片眼性のほうが重症化します。

混濁の強い片眼性白内障で生後 6 週未満、両眼性で生後 12 週未満の場合、手術適応となります。混濁があまり強くない場合は、混濁が進行して形態覚遮断弱視を起こす危険性が高い場合や、視力低下がはっきりしてきたときに手術を考慮します。

術後の屈折矯正は最も重要といえます。2 歳以降では眼内レンズ挿入術が考慮されるようになってきましたが、2 歳未満の早期手術の場合、無水晶体であれば両眼性の場合は眼鏡で、また片眼性であればコンタクトレンズでの矯正が基本となります。屈折度数は術後急速に変化することが知られており、成長に合わせて何度も眼鏡やコンタクトレンズの度数を変更しなくてはなりません。また無水晶体の場合、調節力（ピントを合わせる力）がないため、眼鏡は遠用と近用の 2 つの眼鏡、あるいは累進屈折レンズや二重焦点レンズ

の使用が必要となります。

　眼鏡のかけかえが自分では難しい低年齢の幼児では概ね遠くを見る度数に合わせたレンズが良く、学童期では近くを見る度数に合わせたレンズが良いようです。また形態覚遮断弱視だけでなく、屈折異常弱視や斜視弱視、不同視弱視の合併も多いため、術後に集中的な治療を必要とします。経過中は、続発緑内障を起こすことがあるため、眼圧への注意も必要となります。

・教育の場での留意点

　しばしば低視力のことがあり、また両眼視機能が不良のことが多いです。眼鏡、コンタクトレンズなど屈折管理が大切です。緑内障を併発した場合は、点眼が必要となります。打撲に注意する必要があります。

5）Leber 先天盲

　出生時からみられる進行性の遺伝性錐体杆体変性疾患です。網膜血管の狭小、網膜全体の変性（図1-2-4）、視神経乳頭の蒼白などがみられます。幼少期より夜盲症状がみられ、視力も非常に悪い状態です[7]。

・教育の場での留意点

　視力と視野ともに障害され、進行性であることに注意が必要です。経過中に視機能が低下してくることも多いため、その時点ごとに配慮事項が変わってくることが予測されます。屈折異常や羞明がみられるため、遮光眼鏡の使用を考慮します。

6）網膜色素変性症

　杆体機能が強く障害される進行性の網膜変性疾患です。多数の遺伝子異常が知られていて、遺伝形式も種々みられ、進行度も病型も個人差が大きい疾患です[7]。

　全身疾患の部分症としての合併もみられます。屈折異常の合併も多いです。学童期に視野障害が顕著になり、続いて視力障害も起こってくることが多いと思います。小さな子どもは暗いところに一人でいることが少ないため、夜

盲症状については、少し大きくならないとはっきりしないことがあります。

・教育の場での留意点

　夕方になって暗くなると見えにくくなることに注意が必要です。徐々に進行するため、定期的に視力・視野の状態を保護者から聞いておくことが大切です。進行した場合は、羞明が強くみられるようになります。進行する視力・視野障害のため、子どもが不安になりやすいことにも理解が必要です。

7）白皮症

　眼皮膚白皮症では皮膚や頭髪などの異常を伴います。遺伝子型によって頭髪が真っ白でほとんど色素のないタイプから、金髪に近いタイプのものまでありますが、常染色体劣性遺伝性疾患です。両眼視機能は不良で、斜視の合併がしばしばみられます。

　眼白皮症では皮膚や頭髪などの異常がみられず、眼に限局した変化がみられます。X染色体劣性遺伝です。

　眼皮膚白皮症、眼白皮症のどちらも眼の色素が少ないことによる強い羞明と、黄斑低形成（図1-2-5）による視力不良、眼振を伴いますが、非進行性です。高度な屈折異常の合併も多くみられます[8]。

　視力は、0.1前後まで出ることが多いと思います。

・教育の場での留意点

　眼皮膚白皮症では紫外線により皮膚がんを発症しやすいため、紫外線に対する注意が必要です。屈折異常、低視力と羞明に対する配慮が必要となります。視野は正常で、遺伝性の赤緑色覚異常の合併がなければ色覚も正常ですが、両眼視機能は不良です。

8）発達緑内障

　小児の緑内障は、早発型発達緑内障、遅発型発達緑内障、その他の先天異常を伴う発達緑内障、に大きく分類されています[9]。

　小児では眼圧測定も困難であり、視野検査も難しいため、診断や治療が難

しいことが多いです。早発型では原則として手術が必要です [10]。

・教育の場での留意点

　進行して、角膜混濁などが残ると低視力となり、また視野狭窄の合併も多いことに注意が必要です。眼圧が高い状態が続くと近視化するため、屈折矯正も大切です。点眼加療が必要となります。

　上記以外の疾患については、成書を参考にしていただければと思います。

＊　　　＊

　実際には、機能弱視や器質弱視だけでなく、肢体不自由、知的障害、聴覚障害、発達障害など様々な障害を合併しているお子さんが多いと思います。

　いろいろな障害を合併されているお子さんでも、治療できる弱視に関しては積極的に治療し、視覚の入力情報をより良いものにして視覚の発達を促すことが大切です。機能弱視の治療により、めざましく発達が改善されるお子さんもいます。視覚発達のために、乳幼児早期の治療と診断が必要であることを強調したいと思います。

引用・参考文献 ─────────────────────────────

1) 富田香「小児のロービジョンケア──眼科開業医の立場から」、『眼科紀要』58、2007年、p133-137.
2) 植村恭夫『Ⅰ総論　弱視の診断と治療』金原出版、1993年、p2-3.
3) 粟屋忍「形態覚遮断弱視」、『日本眼科学会雑誌』91、1987年、p519-544.
4) 東範行「未熟児網膜症」、『小児眼科学』三輪書店、2015年、p274-282.
5) 田淵昭雄「ロービジョンケアとリハビリテーション──代表症例」、同上、p491-493.
6) 黒坂大二郎「先天・発達白内障」、同上、p225.
7) 寺崎浩子「先天停在性・後天進行性の網膜変性疾患」、同上、p290.
8) 近藤寛之「眼皮膚白皮症・眼白皮症、同上、p315-316.
9) 木内良明「小児の緑内障の特徴、疾患の概念と原因」、同上、p231.
10) 柳昌秀「早発型発達緑内障」、同上、p253-254.

（富田　香）

第2章

乳幼児期の発達の特性と支援の基本

さわる絵本を親子で楽しむ

　乳幼児期は人の心身の発達が一生のうちで最も著しい時期です。乳幼児期はどの子どもも、内在する育つ力を発揮し、大人の温かい援助を受けながら外部環境にある人や事物に自ら積極的に関わって学び、心身の成長・発達を遂げていきます。人の視覚は、その外界の情報を最も効率よく収集できる感覚です。それでは、子どもに見えない・見えにくいといった障害があると、その発達にはどのような影響がもたらされるのでしょうか。図2-1-1は、それを大まかに表してみたものです。

　まず、視覚の障害は当然のことながら、①取得する外界の視覚情報の不足を招き、事物の視覚的概念やイメージ、また視覚的空間情報の不足を来すものとなります。②視覚障害があると、身辺の状況を即座に把握することが困難となり、危険に対する恐怖心を抱いて、運動や行動に制限を起こします。③それは同時に、人や事物からの視覚的模倣の機会を難しくしたり、身体の動作や操作等の学習の妨げを生じさせたりします。これらの核となる3つの要因は、単一にあるいは相乗して子どもの発達に影響を与え、学びの制約となると考えられます。

　この第2章では、第3章以降にある実践を中心においた支援のプロローグとして、視覚に障害のある子どもが受ける上記のような制約に対応する基本となる支援のあり方を、乳幼児期の前半（第1節）と後半（第2節）に分けて解説します。

　ただし、対象とする視覚障害児には見え方に多様な個人差があり、さらに知的障害や肢体不自由などの他の障害を併せ有している場合も多く、年齢ではとらえきれない側面もあります。何よりも、個々の子どもの実態に合わせて参考にしていただきたいと思います。

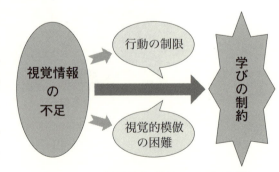

図2-1-1　視覚障害が発達に及ぼす影響

第1節　視覚障害のある乳幼児の早期の支援と育児（0〜2歳頃）

(1) 早期の支援活動は保護者支援から

　わが子に視覚障害があると宣告を受けた両親の心理的打撃は深く、はかり知れないものです。子どもの眼の疾患にはその後も手術や治療などを余儀なくされ、両親は子どもとの生活に不安を募らせます。早期の支援で最も大切な事項は、両親の心を支えることです。

　両親がわが子の障害をありのままに受容できるようになるには長い年月を要しますが、子どもは母親の温かで明るい声に反応しやすく、視覚障害児は母親からの積極的な働きかけを待っています。そのためにも、両親の心の葛藤に寄り添い、不安を軽減し心の安定を得られる支援が求められます。母子の安定した愛着関係は、子どもの気持ちにも安定と自信をもたらし、子どもの外界への興味や関心を高める力にもなります。

(2) 主体的な感覚の活用を励ます支援

　視覚障害のある乳幼児に対する支援の主体は、視覚からの情報の不足を聴覚や触覚・嗅覚・味覚など他のすべての感覚を活用して補えるような力を養うことです。さらに弱視児には保有する視覚の活用を推進します。こうした力の育成を目指すため、音声と触知覚、弱視児の視覚活用の側面から、子どもの内発的な育つ力を引き出し、主体性を大事にした意欲の基盤の育成について考えます。

1）音声の情報から

　人の情報収集の8割は視覚から得ているともいわれるほど、視覚は効率の

よい感覚ですが、胎児期の後半は音が聞こえ、新生児の視力は0.02程度に比べその聴力は35デシベルもあって、子どもは幼児期前半まで聴覚優位の状態といわれます[1]。視覚障害のある乳幼児には、この聴覚優位の力を発揮させたいと思います。

○音声で心の交流

　赤ちゃんは、早い時期から見つめ合いや表情を交え声を発して、自ら積極的に人と関わろうとする発達をみせます。視覚障害児には、他の人が関心を向けている物を目で追う（視線追従）、大人の表情を手がかりにして自らの行動の是非を問う（社会的参照）などの視覚を通した心の交流ができにくいのですが、子安は、バロン゠コーエンの「心の理論」にある「先天盲や発達の早い段階で失明した子どもたちが、視覚的意図検出器や視線方向検出器を欠いていても、共有注意（共同注意も同じ）の機構と心の理論の機構を正常に発達させることが可能である」という研究を引用しています[2]。ことばがなくとも、人の声からは喜怒哀楽の感情や情緒的な雰囲気を感じ取れます。子どもの「あーあー」は〝聴いて、聴いて〟と、興味ある音に気づいたときに、共感をしてほしいとの思い（共同注意）の誘いです。

　ただ、目の前の出来事だけでなく、身近では気がつかない遠くの音声に反応することも多かったり、その表し方が明確でなかったりするために見逃されやすいのですが、大人は丁寧に温かく対応することが大切です。
「そうね。ワンワンってお隣のわんちゃんが吠えているの。だれか来たのかな」と、子どもの思いをくみ取るような共感のことばでしっかり応えることが、子どもには〝承認され共有された〟という喜びになり、自信を育みます。こうした感情の高揚による共鳴のやりとりは、ことばを育てる土壌となるものです。

○音遊びと音空間を楽しむ

　特に盲児にとっては、生活空間にある音や声は外界そのものです。玩具は

楽しい音やメロディのある物に惹かれます。
1、2歳児でも、興味を抱いた物に働きかけ
る行動として、まず指先を物にあてて音を確
かめたり（図2-1-2）、鉄柱等には耳を押し
つけて響きを楽しんだりと、音声への強い執
着があります。

図2-1-2
テレビの音に聴き入る盲児

　この音への敏感さは、急に大きな音がした
ときに恐怖感で震えたり、弱視児でも保育園
で洗濯機のモーター音が気になって昼寝ができなかったりと、気持ちの負担
になることがあります。しかし視覚障害のある子どもにとって音声は、周囲
の事物に関心を寄せ、主体的な行動を生み出す原動力なのです。

2）触る世界から、知りたい気持ちをかき立てる：盲児を中心に

　視覚障害教育では、「手で観る」ということばをよく使います。手指の鋭敏
な触知覚を活用して指先や手を動かして観察する力は、見えない子どもにと
っては視覚の代替手段として情報収集の重要な役割を果たします。手で観る
力は、子どもが〝何だろう〟という好奇心で手を出し、〝知りたい〟という
探索意欲で手指を動かす行為ですから、子どもの自発性や主体性が大事にさ
れてこそ育つ力です。盲児の触る力は、認知能力の向上に大きく貢献します。

○手指の触知覚は操作する力と共に育つ

　乳児は生後3カ月になると、自分の手を眺めたりなめたりできるようにな
ります。身体の中でも触覚が鋭敏な部位は唇と指先ですから、乳児にとって
自分の手や玩具をなめ、唇に物を触れて確認する経験は大切です。ことに視
覚障害児は、2歳頃までは実感のある口唇の接触で物の把握を行いながら、
手指の触感覚も高めていくのだと思われます。

　見える子どもは生後4、5カ月頃には目の前の物へ積極的に手を差し出し、
つかもうとする（目と手の協応によるリーチング）行動が出てきますが、見え

ない場合はもちろんのこと、見える子どもでも、音声を聞くだけで物に手を伸ばすのは（耳と手の協応）1歳近くなってからになります[3]。

　視覚障害のある子どもには、心地よい音や感触、受け止めやすい光刺激などのある玩具や生活道具を手に触れさせて、意図的に手の操作を誘うことが必要です。手指の運動機能は、活発な全身運動で身体を支え、様々な遊びや生活動作の中で手指を頻度高く使うことによって、生後数年の間に急速に発達し、手指の巧緻性の向上もはかられます。

○でたらめ触りや身体中の触覚を生かすこと

　手で物を触り認識するためには、物に手を出し、両手で意識的にたどる触運動の探索行動を必要とします。しかし、乳幼児は幼いほど手指の操作力は未熟で、物への関心が継続しにくい状態にあります。

　こうした時期には、手当たり次第の「でたらめ触り」を十分楽しませたいと思います。気持ちのままに玩具を投げたり打ち付けたりもしますが、手指ではぺたぺた、ざらざら等、オノマトペ（擬音語、擬態語）を使って表面の属性の触感を楽しんだり、穴があれば指を突っ込み、形の全体をいじくり回したりすることを誘ってほしいと思います。そして、その場では大人が「べとべとだ」「大きいね」「重い重い」等のことばを添えて物の感覚的な違いの認識を深め、意識的な触行動に広げていきます。

　触覚は、全身にあり身体の動きに伴う感覚ですから、布団やマットの上を転がり回ったり、砂場や水遊びで体中に水や砂を浴びたりして、身体全体の触感を味わう遊びにも興じさせます。見えない・見えにくい子どもには、足裏の触感を場所の手がかりにしたり、布類の感触で衣服を識別したりする本人独自の識別方法も大事にしていきます。

　また、食事は格好の学びの場です。ごはんを手づかみで食べたり種々のおかずを触り尽くして口に運び、食具を繰り返し使うことが、練習となります。この練習から、食べ物をわずかに触れただけで、それが何か予想できたり、用具操作の手指の巧緻性を養っていくことになります。そうして、柔らかい

素材にはそっと触れたり、硬めの表面には力を入れたりと、触る物への臨機応変な指の使い方を身につけていきます。

3）弱視児の保有する視覚の活用

視力は、6歳頃までに明確な映像を見ることによって発達するといわれています。見えにくさのある弱視の子どもには、見る機能の発達を促進するため、保有する視覚を積極的に使わせる視覚活用への支援を必要としています。弱視児の見る力は千差万別ですから、大人は一緒に遊ぶ中で子どもが明確に見える位置や方向を確認していきます。

○人の顔や身近にある物をしっかり見て楽しめるように

弱視の赤ちゃんの場合には、眼球が左右に揺れて視点が定まらないように見えたり、笑顔が少ないことが観察されたりします。人は生まれて間もない時期から人の顔に関心を持ち人の笑顔に惹かれる能力を持っています。弱視児に見る喜びを味わわせ、見ようとする意欲を培う初期経験としては、母親や家族の顔を子どもに近づけて注視できるようにし、笑顔のやりとりを大事にしていきます。

視覚は、乳児期から急速に発達します。弱視の赤ちゃんには、遊具や玩具は周囲に溶け込まないコントラストがはっきりした色づかいで形のとらえやすい物を選び、ライトの点滅があったり、興味をそそる音やメロディを聞くことができたりする物を用意し、見やすい環境づくりをして、見る世界を楽しませていきます。

○見る物を引き寄せたり、接近してよく見ること

子どもは、見えている物には興味を惹かれやすく手を伸ばすので、見やすく動きがとらえやすい玩具で好奇心や探求心を膨らませて、見るものを引き寄せたり接近して注視できるように誘います。見えにくい子どもには、他者が物を見せるよりも、自らが最も見やすい位置と距離で凝視することが大切

です（図2-1-3）。弱視児の見える世界は、見ようとする意欲を持たなければぼやけていることが多いので、出合った事物をしっかり見る経験をさせていきます。

⑶ 運動の励まし

通常、子どもの運動能力は視覚による空間知覚の発達に支えられて成立していきます[4]。生後3カ月頃に動きの知覚（運動視）の能力

図2-1-3
形を目と指で確かめる弱視児

で首がすわり、5～7カ月頃には物体の形や重なりの知覚（両眼立体視）の力を得ることで物に手を伸ばすリーチング、さらに生後7カ月頃になると陰影等による奥行きの手がかりを統合して物体の位置を把握する能力を獲得します。こうして、8カ月以降に出現するハイハイや自力での移動能力が発達するのです。

フレイバーグは、盲児の場合は移動に関わる運動発達に遅れが生じやすいことを挙げています[3]。視覚障害のある子どもの運動発達には、空間の広がりや物体の位置関係などを把握する視覚イメージに代わる他の情報で補うような援助が丁寧に行われる必要性が示唆されます。

1）大人と一緒に全身の運動を楽しむ

視覚障害児の運動発達の課題は、空間概念の取得に手間どり、自らの安全の確保の困難をかかえ、動きを視覚的に誘発されにくいなどから派生します。なかでも視覚障害児が不安を強く抱くのは、事前の予告がなく他者に急に身体を動かされることです。動きや運動を楽しませていくには、安全な場所で事前の声かけや温かい肌の触れ合いなど、安心感のある身近な大人からの積極的な働きかけが必須です。

特に、大人が子どもの身体を高く抱き上げたり回したり、一緒に転げ回ったりの全身運動は欠かせません。大人と密着した動きの中で自らの身体を実

感し、ボディイメージの礎をつくっていきます。それが盲児の空間認知を育てる第一歩です。また、リズムや歌遊び、赤ちゃん体操などで、身近な大人と動作を共にして、他者の身振りの模倣に親しませていくことも効果的です。

2）遊具の活用と空間把握

視覚障害児が動きを広げていくためには、寝具やソファ、室内用のブランコ、すべり台、手押し車や乗用玩具などを活用していきます。身近で安全な空間の中で、自分が動いたり、自らが揺らしたり、身体全体と手指足先を使ってバランスをとる運動の力やその身体感覚から、空間を感じ取る経験を得ていきます。子どもたちは、狭い隙間に入ったり布団に潜ったりすることを好みますが、これも視覚障害児には身体中の触感覚や内部感覚で自己の身体動作がとらえられる機会になります。また、視覚障害がある子どもには、いつも同じ遊具や同じ動作での遊びを楽しむ姿があります。自分の身体の微妙な動きの実感を繰り返し味わって、一つひとつの運動パターンやコントロールの力を養う長めの時間が必要なのだと思います。

ただ視覚の情報が不足すると、目新しさや珍しさによる新たな遊びへの興味がわきにくいため、視覚障害児には公園などでの大きな遊具もたっぷり楽しませ、大きな動きでより高いところやより遠くの物に関心をもたせ、広い外界への好奇心を育てながら空間の理解を進めていきます。

⑷ 生活を学ぶ

視覚障害のある子どもの養育には、生活習慣を身につけるための援助が大きな割合を占めています。早期には生活そのものが学びになります。

1）規則的な生活で睡眠リズムの調整を

睡眠のリズムは、生後4カ月頃身につくとされていますが、どんな子どもも乱れやすさを持ち合わせているものです。しかし、盲児には昼夜逆転などの極端な睡眠障害を示す例があり、人の体内時計による睡眠リズムが光刺激

の影響を大きく受けていることを物語っています。

　睡眠は子どもの日常生活の基盤となる習慣ですから、乳幼児には規則的な生活を送れるようにし、昼間は身体を活発に動かし、昼寝や夜の睡眠が適切にとれるようにする配慮が大切です。なかでも、食事の時間を規則正しくとって、メリハリのある生活を送ることが重要だと思います。

2）生活の基本動作の習得は共同動作から

　身辺処理を行う基本的生活動作の大半は、視覚的模倣が学びの大きな推進力となります。子どもの模倣の力は、子どもの自発的で意欲的な学習となるのですが、視覚障害があると、行為の方法を教え込むという受動的な伝達になりがちです。視覚障害児へ模倣行動を誘うには、子どもとの共同動作としてプロセスを示すことにあると思います。そこで動作のイメージをもたせ、その後自分ひとりで行うという自発的能動的な習得が大切です。

　食事の例でいえば、まず自分で食べるものは自らの手で食すことを目標にし、手づかみ食べを十分に行った後にスプーンやフォーク、箸などの食具・食器の使い方を学ぶことになります。スプーンの持ち方の学習には大人の手に子どもの手をのせ、スプーンを握って口に運ぶ動きを感じて操作に関心をもたせ、そのイメージをつかみ、大人の手の上からその先端に子どもが手指を移して一緒にスプーンを持つという繰り返しの体験が有効です。

引用・参考文献 ————————————————————

1) 呉東進『赤ちゃんは何を聞いているの？——音楽と聴覚からみた乳幼児の発達』北大路書房、2009 年、p42-45.
2) 子安増生『新訂 発達心理学特論』財団法人放送大学教育振興会、2011 年、p177.
3) セルマ・フレイバーグ（宇佐見芳弘訳）『視覚障害と人間発達の探求——乳幼児研究からの洞察』文理閣、2014 年、p255.
4) 山口真美・金沢創『赤ちゃんの視覚と心の発達』東京大学出版会、2008 年、p137-151.
5) 猪平眞理「弱視乳幼児の育児と指導 No.1」、『弱視教育』37(1)、1999 年、p19-23.
6) 五十嵐信敬『視覚障害幼児の発達と指導』コレール社、1993 年.

（猪平眞理）

第2節　視覚障害のある幼児の指導の基本（3歳頃～就学前）

　3歳程度になると、コミュニケーションや運動の能力が発達し、基本的な生活習慣もある程度身につけて、自立心も芽生え、子ども相互の触れ合いを広げながら多様な学びが積み重ねられるようになります。

　この節では、幼児期後半の育児における課題や、視覚特別支援学校等の幼稚部や、幼稚園、保育園等の保育機関での指導の配慮を考えていきます。視覚の障害に対応する支援については第4章以降で具体的に解説されますが、そうした内容に共通する基盤の事項を取り上げたいと思います。

⑴ 運動能力の向上

　子どもは本来活動的な存在で、活発な全身運動によって身体姿勢や速度の調整など、多様な運動を主体的に学び、身体機能の発達が促進されていきます。視覚障害は運動の制限をもたらしますので、幼児期の運動体験と運動量の確保は大切な課題です。

1）歩く力の育成

　幼児期には、歩く力を十分に養いたいものです。まずひとり歩きができ、通常は大人の介添えで心地よく歩行できることを目指したいと思います。歩行の力は、音の方向をとらえてまっすぐに進めたり、姿勢良く歩いたりする力で養います。そして、自宅など慣れた場所では単独で目的の場所に行くことや、手引きがあれば坂道、急な階段、石畳などどのような道でも安定した歩行ができることなどが目標になります。

　視覚障害児が介添えの大人と歩くときは、周囲の状況をことばによる情報

で伝えますが、自分でも自動車の近づく音、四つ辻の空気の流れの変化、商店の名前、におい等々に関心を寄せ、環境の認知をしていくことが大切です。大人と手をつないで歩くときも、可能な範囲でですが、もう一方の手は室内では壁伝いに戸外では柵や塀などに触れて場所の手がかりを把握し、空間の理解や認知地図の形成に役立てていかれたらと思います。視覚障害児は運動不足になりやすいので、遊びや通園等の生活で身体作りの基本として意識的に歩き込む心がけが必要です。

2）空間理解の拡大と運動動作の習得

　視覚障害児が運動体験を広げる過程は、自己の身体や空間の方向などの理解が深められる道筋でもあると思われます。運動と空間概念の発達を関連づけて支援する配慮が大切です。

　空間把握の基礎には、自己のボディイメージの育成があり、自身の身体の部位を意識してとらえ、名称と一致できるようにします。楽しい歌で、頭、肩、腕、足、かかとなどを指して覚える遊びも効果的です。ボディイメージの育成には、人形に対して動作を教えるような遊びも役立ちます。

　奥行きのある三次元空間の把握には、自らの身体を軸に据え、手をはじめ自らの身体が人や物に触れる外的環境との触感覚や、音声の方向をとらえる経験が理解を促進します。その基本は、身体の胸部腹部と背中の接触感覚の対比で前と後ろを、頭部と脚部の位置の対比から上下を、両側部、両腕、両手の双方それぞれの接触や使用から右左を、というような体感に根ざした認識での把握です。

　また、手を前に出して伸ばす、頭をくるりと回す、膝を曲げてしゃがむ等、ことばと動作を一体にしてイメージをとらえ、ことばによって動きの伝達ができるようにしていきます。

　遊技や体操などの身体動作を盲児に伝える場合には、伝え手が後ろから本人に密着し、同じ方向で手を持ち、ことばを添えた指示で身体全体の動きが伝わる方法だと分かりやすいと思います。弱視児には、接近した位置で動作

のモデルを見せていくことになります。

3）運動体験の拡大

　幼児期の子どもは、身近にある遊具によって、様々に運動機能を向上させ
ていきます。視覚障害のある子どもには、視覚を用いなくとも安全に身体の
動きが楽しめる遊具の選択や、遊ぶ工夫・配慮を要します。幼児期の後半に
なると、戸外の大きめのブランコ、すべり台、ジャングルジムなどによって
も自発的に遊べます。固定遊具や乗用遊具は動きの空間が把握しやすく、意
欲的な運動体験への挑戦もしやすいものです。はしご段、登り棒、うんてい
等も、さらに身体のバランス力、敏捷性、巧緻性、姿勢調整力を養います。

　運動面では、走るという体験も大事です。見えない子どもの中には、スピ
ードを怖がったり、足踏み動作や引っ張られて腰を落とす姿勢が身について
しまったりすることもあります。そういった子どもには、飛び跳ねを楽しま
せる中で、「はしるのだいすき、タッタタ！♪♪」と、歌で誘うなど、子ど
もの気持ちに寄り添う工夫もします。広い運動場や公園の草地等を思いっき
り全力で駆け回ることを喜べるような、自分の意志で身体をコントロールで
きる力を育てたいと思います。

4）リズム運動

　人には、音楽を聞くと身体を揺らす運動とリズムが密接に結びついた特徴
的な行動があります[1]。

　人の根源的な動きを誘い快感をもたらす音楽リズムへの感受性を、視覚障
害児の運動能力の向上の取り組みに生かすことは、極めて有効です。幼児体
操やリトミックなどの音楽リズムは、物事の理解や動きを促進する働きがあ
り、音楽に合わせて動作の開始と停止を、音の高低で腕の上下動を、音楽の
速度と歩く速さの連動を、体の屈伸運動は音階の流れに合わせて円滑な動き
にする等で、身体動作の方法や再現がしやすいわけです。視覚障害児にとっ
て運動への歌やリズムの活用は動きのイメージを描きやすく、楽しく能動的

に取り組める手段です。

⑵ 人、物、ことと関わる具体的直接的経験

　幼児の学びは、多様な体験を通じて獲得されます。幼児期は、興味や関心をもつ具体的な遊びを通した経験で総合的に学びます。同時に、身辺処理など必要性に根ざしつつ達成感を得ながらひとり立ちへの技量を習得していきます。しかもそこには、子ども自身の喜びや驚き、共に寄り添う人や子ども同士での共感する思いなどを伴うことがあり、生きた経験となっていくのです。

1）実体験は遊びの中で意識的に

　視覚の障害は、人・物・ことの存在と、その相互の関係の理解に困難をもたらしますので、見えない・見えにくい子どもが見える子どもと同じ体験を得たとしても、概念形成に不足を生じてしまいます。こうしたことから、視覚障害のある幼児にふさわしい経験には、身体感覚や音声やことば、においなど他の感覚情報を伴う実感のある体験がいっそう重要であり、そのための具体的な配慮と工夫を必要とします。

　運動遊びでは、遊具の揺れを楽しむだけでなく、ブランコでは役割交代で押して揺らす役や押される役を担い、人の重さや風の起こることを知ったり、スタンドで固定した二輪車では車輪の回り方からペダルとの関係を探ったり、遊具との新たな関わりからその仕組みと身体の動きとの関係に関心をもたせます。

　おうちごっこでは、大型積み木や段ボールなどを使い、子どもが組み立てに参加し、2階建て等を作って自身が入り込んだりすると、重層構造の意味、1階の天井と2階の床の関係や階段の仕組みも把握しやすいと思います。市販の人形の家セットも遊びやすいのですが、子どもが好む狭い空間で、友達と身体を丸め入り込んで実感できる家の構造は深く心にのこる体験です。また、これらに人形を登場させて遊びに組み込むと、向き合う他者との距離感

や位置関係、人の行動のありようなどの理解が深まります。

2）断片的な体験を関連づける理解に

　視覚障害があると、体験や得られた情報は部分的で断片的になりやすいのですが、生活経験の少ない幼児ではさらにその相互の関連づけの難しさに課題の重さを感じることがあります。

　幼稚部のある夏の親子合宿のこと、川の流れを全身で楽しんだ夜、水流の音が大きく響く宿で、「川のお水はいつ止まるの？」と年長盲児に尋ねられたことがありました。それまで蛇口から流れる水音を聞く経験しかなかったからなのでしょう。「川に流れてきた桃から生まれた桃太郎」などの昔話が大好きだった女の子でしたが、昼間遊んだ足や身体全体で感じた水の流れと、夜も続く水音から「川」のイメージを広げ、理解を深める体験になったようでした。

　幼稚部では砂場で山を作り、その上からジョウロの雨をたっぷり降らせて流れる川を作り、そのうち海になったと、全身を泥だらけにした遊びが発展します。「川」や「海」の概念の充実した理解がはかれるのは学齢期以降の学習の積み重ねに委ねるのですが、心に深く感ずる幼児期の体験が学習の礎には必要だと思います。

　こうした体験からの学びは、子どもの思いを尊重する中にあります。雨の日を楽しみにしていた盲児の親御さんから「傘をさした手引き歩きは疲れるけれど、車庫のプラスチック製の屋根や茂った木の葉から傘に落ちる雨音がそれらの存在を教えてくれる。雨は自動車が走るタイヤの音も大きくし、水たまりの音も面白い。こうした経験で道をよく覚え、雨の降りそうな空気も敏感に感じるようになった」との話に感じ入ったことがあります。

　見えない・見えにくい子どもの体験には、見える者には気づきにくい音声や触感などの情報があります。身近な大人は、そうした子どもの体験にある

関心や思いを丁寧にすくい取って共有し、見える世界からの解説を加えて概念形成の拡大をはかれるようにしていくことが大切だと思います。

(3) 手で観る力の育成：盲児を中心に

　視覚障害教育では、手指の鋭敏な触運動知覚を活用するものとして「手で観る」を「触察」という用語でも表現します。先にも述べましたが、視覚の情報を補う、手で観る力には探索意欲という能動性が不可欠です。一目瞭然という語があるように、一目見れば容易に事物をとらえるのとは異なり、触察は関心を抱いた対象に手を伸ばして探り、触り、たどり、なでる等の自発的な触運動によって把握する情報収集の方法です。それは、〝知りたい〟〝確かめたい〟というワクワク・ドキドキする強い探求心を要するのです。

　視覚障害者に見た（分かった）と言わせたいと、「手で見る博物館」を開設された桜井政太郎先生は、「百聞は一触にしかず」「触りたがりの盲人に」とのメッセージによって、触ることの重要性を説かれています。

1）触りたがりの子どもに

　幼児期も後半を迎えると、子どもは身体運動やことばの発達と共に知的好奇心が旺盛になります。どの子どもも具体的体験で学ぶ時期ですから、見えない子どもには何よりも触ることを楽しみ、知って喜ぶ力を養っていきたいと思います。触る観察は、視覚的な体験が不足する弱視の子どもにも大切な体験です。

　触る体験の中でも特に関わらせたいのが、食材の観察です。野菜や果物、魚、肉等々、見えない子どもは、実際に味は知っていても丸ごとのリンゴの形や魚の姿を理解していないことがあります。まずは家庭の台所で、野菜の泥落としや丸ごとの魚等の調理の手伝いを面白がらせる工夫で、時間をかけて繰り返し経験をさせます。また、家庭にある掃除機、扇風機等の電気製品の働きや動く仕組み、洗濯物干し、衣類の片付けなどから、着る物の様々な形などに関心を寄せるなど、家庭生活には学ぶ知識がたっぷりあります。

図2-2-1　大人と共に安心して触る

　幼児には無理強いをさせるのでなく、機器のスイッチの切り替えの楽しさを味わい、洗濯物からふわふわ大好きタオル探しなどのゲームもできます。手伝いができることの達成感から自信がつき、触る力も育ちます。ただ、触ることは対象となる物に手指を差し出して接触する行為ですから、安全には最も注意を要します。

　一方で触覚は、皮膚感覚として個人の意識と密接につながっており[2]、心に深く響く刺激となります。盲児の中には、手指を固く握りしめて触ることを拒む子どもがいます。特に知らない物への不安感が強いのですが、そうしたときには、大人と一緒に触ることから始めます（図2-2-1）。安心できる大人の手の上から触って興味をもたせ、少しずつ自分から触れるように導き、つるつるしている、とがっている、あたたかいなどと味わいを共感して、知る喜びを誘っていくとよいでしょう。

2）触り方を学ぶ：特有の配慮事項

　見えない子どもが触察で事物のイメージを構築し理解をはかる力は、子どもの知的認知能力と深く関わりながら育っていきます。触察の力も、それだけを取り出して伸ばすことは得策ではなく、子どもの全体的な発達を促す中で力をつけることが重要であることはいうまでもありません。

　ただ触察は、手指の触覚の高い解像度を生かした皮膚感覚を利用する情報収集のために、見えない子どもの力の育成には視覚によるものとは質的な違いがあり、特有の配慮事項があります。

①両手を使ってたどること

　両手の使用は触察の対象が広がるとともに、両手
を協調させた使用はその距離感から大きさを感じた
り、左右の手で確認し合うことから、より精密な情
報を得られたりするので、両手使いの習慣づけをす
ることが大切です（図2-2-2）。

　視覚障害のある幼児には、対象物の面の触感の好
悪にとらわれる傾向がありますが、物の全体の形や

図2-2-2　両手で触る

大きさなどにも関心をもち、面や縁をたどって物の大きさまで把握したり推
測したりできるように、探求心を高める支援も必要です。

　視覚障害児には、事物の形体認識の育ちにくさがあるため、幼児期には積
み木の様々な形やビー玉、ボールなどの球体に十分に親しませます。型はめ
遊びは絶好の遊び道具ですが、その一つひとつの形体が明確に把握できるよ
うに縁や角を丸めすぎていない物が適します。

②十分な時間的ゆとりをもち、じっくり触ること

　触察は、手指をなぞらせて物の理解をはかる行為です。それは時間のかか
る経験です。小さな対象物であれば全体から部分の詳細を、大きな物であれ
ば部分を触りながら全体を考え、繰り返しを重ねて物のイメージを作り上げ
ていきます。そこには、見える世界から添える解説を必要としていますが、
視覚からの情報は早く届くので、共にいる大人は先走りすぎないよう、見え
ない子どもが集中しワクワクしながら観察し、探索意欲をさらにもり立てる
ような配慮も大事です。

　猫の毛の柔らかさに魅了された盲児が、しっぽを気に入り「爪がない足」
にも関心をもったり、晴天に干した布団に転げ回って顔を埋め「おひさまの
におい」とつぶやいたりする盲児なりの発見談もあります。そうした思いに
共感したり、励ましたりして観察を深められたら、と思います。

⑷ 弱視児の視知覚の向上

　視覚の発達は乳幼児期に感度が高く、発達の黄金期[3]で、目を意識的に使わねばならないとされています。弱視児の見え方は一人ひとり全く違いますが、心身の発達面からみても個人差が大きいため、支援の手立てに工夫や入念な心配りを必要とします。

1）見る意欲を高め、じっくり見る態度を育てること

　幼児が見えにくさのある視覚を通して外界を認知するには、多大な集中力を必要とします。そのため見やすい環境づくりをし、見る物に強い興味や関心を抱かせることが求められます。そして見る物を間近で丁寧にじっくり見つめるとともに、接近視では全体の一部分しか視野に入らないことが多いので、部分の特徴を把握しながら全体像をつかんでいくなどの認知力の向上もはかっていきます。視力の弱い子どもには、見ることの面白さや知る喜びを心から味わえるような働きかけで、見る意欲を培うような導きが有効です。

　近頃は幼いうちからテレビやコンピュータの画面で幼児番組やアニメ、動画等を楽しみますが、弱視児には見えやすい作品や画面の大きさの選択をしていきます。弱視児は、画面に顔を密着させるような位置で画像を見ることが多いので周囲を心配させますが、これは本人が一番見えやすい距離として選んでいるので尊重すべきです。ただ、長く見続けると疲労しますので、目を休める時間は適切にとらねばなりません。

2）目と身体との協応や目と手の協応する力を養う

　視力に弱さがあると、立体感や遠近感を得にくかったり、周りの様子を把握しきれなかったりします。そのため、床面や歩道の色の変化やわずかな段差を怖がったり、新たな運動体験に臆病になったりすることもあります。大人は手をつないだり、付き添う期間を十分にとって、様々な運動に親しませ、目と身体の協応する力が体得できるようにしていきます。特に空間はとらえ

にくいので、ボール遊びは投げるのではなく転がすことを中心にし、鮮やかな色合いで大きめのボールを使用します。

　その一方で幼児は、旺盛な好奇心によって無頓着に高いところや危険な場所を探検しようとすることもあります。弱視児には見えにくさに由来する事故を生ずることもあるので、行動への注意は不可欠です。そしてこの時期は、身体の動きを真似ていく時期でもあるので、大人や子どもの身体動作や手指操作を弱視児が間近で見ることができるような配慮も必要としています。

　なお弱視児は、取得する視覚情報の不十分さから、手の使用の不足を招く傾向があります。これは、遊びとともに子どもが日々繰り返す身辺処理の中で養われる部分も大きく、手指の操作などに目と手が協応できるように配慮していきます。接近視するため、先端が尖った道具等の使用時の安全には留意も要します。はさみで紙を切るときに、前髪まで切り落としてしまうこともあります。視力を補う方法には、点線や細線の切る表示を太線で引き直したり、線を山折りにしたりするなどは有効です。

　また、弱視児には絵や文字への興味の育ちにくさがあります。一般に幼児は人が文字を書いたり、絵を描く様子から描くことに関心をもっていきますが、弱視児の場合は大人が一緒に、間近で画面を見せて明瞭な色のクレヨンやフェルトペンなどの見やすい用具を使って描写を楽しむ経験をさせていきます。描くことは目と手の協応する力が養われるのみでなく、描くことを通して事物をよく見ようとする力を伸ばし、物の形体を把握する手段ともなるものです。弱視児でも、絵の好きな子どもはせっせと描くようになり、ほっぺたに様々に色をつけながら見事なお母さんや車の絵を見せてくれます。

3）聴覚や触覚等も活用し、情報機器も利用して見る体験を豊かにする

　視覚からの情報を取り入れにくく、物事の認識があいまいになりやすい弱視児には、視覚を補う手段として手指による観察や音声をうまく利用する方法を身につけ、活用できるようにしていきます。物を探すときには手で探り、足音の違いで人の見当をつけるといったぐあいです。

　見えにくい子どもは、少し離れた対象物はぼやけた世界となっていましたが、情報機器等の利用によって遠くの山や海、昆虫の生態、車の往来なども映像で把握することができるようになりました。ただ、幼児期は摘んできた草花や海辺で集めた貝殻をままごとに使って楽しんだり、乗り物やキャラクター商品の収集に心躍らせたりしながら音声や触感を交えて意識的に見ること、そこで色や形、模様などの特徴も把握するような遊びを通した実体験が大切です。情報機器からの間接的な視覚体験を共に大事にしていければと思います。

⑸ 人と関わる力の育成：保育機関における配慮として

　乳幼児期は、親子の温かい愛着や親しい大人との触れ合いで安定した情緒や人への信頼感が育ち、子ども同士の積極的な交わりで人と関わる力の基礎が身につく時期です。近年、視覚障害のある子どもたちが地域の保育機関に入園する例が増加しています。大勢の見える子どもたちに囲まれた視覚障害児の人間関係の学びは、より丁寧に行う必要があります。

１）他児と一緒にいる関係を楽しむ

　視覚障害があっても、子どもは早期から子どもの声には強い関心や親しみを示します。それは、他児との関わりへのモチベーションとなるものです。幼児期は、ことばによるコミュニケーションに未熟さがあり、意思の伝達に表情や身振りが大きな役割をもつ時代です。視覚障害児には見える子どもたちの遊ぶ具体的な状況が把握できず、そこに伴うめまぐるしい動きがあって相互の交流が困難な場面も多くあります。したがって、視覚障害児には大人を相手にした遊びやひとり遊びが長く続く傾向にあります。

　視覚障害児が他児との遊びに興味を示せるようになるには、まず耳を覆うほどの子どもの声が行き交う賑やかさや、いさかいの音声などを恐れることなく親しみ、園生活での気持ちの安定を得ることです。そして他の子どもたちと直接的な遊びのやりとりがなくとも、友達と一緒にいる関係を楽しめる

ことが大事です。そこでは、視覚障害児がイメージするその子ならではの遊びに充足感が得られますが、他児との関わりをもたせるために、保育者は時折、他児の遊びの様子の解説や同調した遊びができるような誘いをすることを心がけていきます。

2）主体的に楽しめる遊びで自信を育む

　触覚や音声の活用は、視覚障害児には遊びの過程をとらえやすくする手段です。遊具を共に楽しむ中での身体の触れ合いや押しくらまんじゅう等の全身のぶつかり合いは、友達の存在の実感が大きく、この上ない喜びを表すような姿があります。

　また、声当てや音探しゲームでは、視覚障害児は抜群の力を発揮し、お店屋さんの売り声や電車ごっこのアナウンスでは見事な模倣力を見せたり、当番活動での説明も明快で確かな役割を果たしたりしてくれます。

　そのような視覚障害児が主体的に手応えを感じる遊びで楽しんだり、友達から賞賛を受けたりする経験から、自尊感情や自信が育まれます。他方、子ども同士の関わり合いには、玩具の取り合い等のいさかいも起きますが、それができることこそ対等な友達づき合いができている姿であって、学びが多いのだと思います。

3）少数の親しい仲間から人間関係を学ぶ

　園生活では、保育室に多くの仲間がいて様々に関わり合って育ちます。見える子どもは一瞥で他児の遊びの種類や規模、グループの構成等を把握し、共に遊ぶ仲間の気持ちをことばより早く表情や動作から察知していきます。しかし、視覚障害のある子どもは、友達の心の動きは敏感に感じられるのですが、受けとめに時間を要し、一度に複数の子どもの思いに対応をするには難しさがあります。

　幼児期の社会性の発達ともいうべき、自己を主張し、他者とぶつかり合って行動の制御を学ぶという人と関わる力は、子ども同士の肉薄するつき合い

で育つことが多く、視覚障害のある子どもが人間関係を学習するためには、少数の親しい友達づくりが大切だと思われます。

引用・参考文献 ─────────────────────────

1) 梅本堯夫『子どもと音楽』東京大学出版会、1999 年、p77-79.
2) 伝田光洋『皮膚感覚と人間のこころ』新潮社、2013 年、p143-151.
3) 湖崎克『小児の目の病気』医歯薬出版、1979 年
4) 猪平眞理「弱視乳幼児の育児と指導 No.2」、『弱視教育』37 (1)、1999 年、p20-26.
5) 文部省『視覚障害児の発達と学習』ぎょうせい、1984 年.
6) 香川邦生『障害のある子どもの認知と動作の基礎支援──手による観察と操作的活動を中心に』教育出版、2013 年.

（猪平眞理）

COLUMN

育児相談の役割は、お母さんたちを応援すること

　視覚障害者である私は、盲学校の教員として長く勤務しました。この中で育児相談でのお母さんたちとの出会いは、私自身の自己受容と自己実現につながり、その過程を語ることが、ほんの少しですが聞いてくださった方々のお役に立てたのではないかと思っています。

　96歳で亡くなった母は、どこか拭い去れない罪の意識をもち続けていました。母の「障害のある子どもを産んでしまった」という罪悪感は、自分をそして私をも受け入れ難くし、自己肯定感をもてず、子育てに自信がなかったようでした。私も障害を受け入れられず不安定な時期がありました。今は母に対して、産んでくれたことへの感謝のことばをかけ損なったことを後悔しています。

　育児教室に参加されるお母さんたちの多くも、やはり心のどこかに「罪の意識」をもっておられるようです。障害は誰のせいでもなく、原因や責任を追及しても良いことは何もありません。誰かの障害を肩代わりしてくれたのかもしれないわが子と、お母さんたちはしっかりと向き合い、理解し、愛おしみ、自信を持って子育てをしてほしいのです。

　卒業生からの相談の多くは、人間関係のつまずきです。自分の居場所や立ち位置は、"できないことはお願いし、努力や工夫をすればできるかもしれないこと"を、自分のことばで伝えられることで得られます。その根底にあるのは、本人の自己肯定感であり、母親自身の自己肯定感と自己受容でもあると思うのです。

　乳幼児期に親子でいろいろな所へ出かけ、いろいろな人々と出会い、障害の現状を知ってもらうことは、将来の人間関係の柔軟さを身につけるチャンスとなります。視覚特別支援学校の専門職のひとつは、もちろん子どもたちを教育することもありますが、育児相談では、お母さんたちに寄り添い、わが子の現状を見つめ、受け入れ、愛おしさを感じて、自信をもって子育てできるよう、背中を押すことです。視覚障害を理解して、工夫と配慮の下で、可能性を信じてお母さんたちの自己肯定感を育み、私たちの愛をも注ぐことが、打たれ強く、自分の居場所を確保できる逞しい人を育てる力になると確信しています。　　　　　（岩倉倶子）

第3章

早期からの保護者支援

育児学級の集まり

第1節　視覚特別支援学校（盲学校）の育児支援

障害のある乳幼児の支援は医療、福祉、教育等の機関相互の連携が必要とされています。それは早期からの対応が求められるからです。

しかし、視覚障害は対象者の少ない障害種であるため、専門的に視覚障害に対応した乳幼児の支援機関は限られ、全国的に視覚特別支援学校（盲学校）の幼稚部や教育相談活動がその中心になっています。ほかに地域によっては、福祉関係の施設がいくつか役割を担っているところがあります。これらの機関では0歳から就学前の子どもたちへの継続的な支援が行われています。

ただ、親子が居住地から盲学校に通うには遠隔等による難しさもあるため、サテライト活動による出張支援や幼稚園・保育所等への訪問相談などの外部支援事業によって便宜をはかっている学校もあります。

(1) 保護者支援に時間をかける

盲学校の教師である筆者が、視覚に障害のある子（特に乳児）の育児支援を担当していたときのことです。

「視覚に障害がある子どもを持った親は、こんなふうに子どもに指導をしなくてはいけない」と、いわゆる〝教育のノウハウ〟についてとても熱心に勉強しているお母さんとの出会いがありました。わが子の育て方に焦りと不安をもつ周りのお母さんたちにも、「これをしなくてはいけない」と説かれ、3歳にも満たない幼い子どもに〝指導、訓練〟を強いるお母さんグループが出現しそうな状況でした。

でも、まだまだ幼い子どもたちにとっては、教えられるということよりも、〝もっとお母さんに抱っこされたい〟〝もっといっぱい頭をなでてもらいたい〟そして〝今楽しんでいることをもっと励ましてほしい〟と、そんなこと

をもっと、もっとと願っているだけなのではないでしょうか。

「目が見えないから手を使わせるのよ」と、このことばだけで（無理に）触らされた手が、その後、その子が大きくなってどれだけ〝触れない手〟になっていくか、私たちはよく知っています。〝何かしなくては〟の焦りや不安から生まれるお母さんの願いと、ただただ〝お母さんと触れ合っていたい〟という子どもの思いのこの初期のズレはボタンの掛け違いで、年齢を重ねれば重ねるほど大きく、違う形になって現われていくことも感じていました。

　お母さんたちは子どもの障害について悩み、苦しみ、でも一日も早く「いいお母さん」になりたいと願っています。私たちは、叱咤激励ではなく、「親」になっていく楽しさを、子どもを育てていく豊かな気持ちを味わってもらえるような早期教育を手渡したいと願い、教育の入り口に携わることのできる私たちがまずしなければいけないのは、この母子関係をしっかりつくれるよう支援することだと思いました。

　このことを抜きに、この先延々と続く子どもの成長、発達の営みと向き合って支援をしていくことなどできないだろうと切実に思ったのです。

⑵ まず「お母さん」にしてあげたい——母性の立ち上げのために

　医学の進歩はめざましく、妊娠22週で生まれた子どもが育つようになりました。妊娠を知ってすぐに出産。しかも生まれたわが子は、自分の思い描いた「赤ちゃん」のイメージとはほど遠い姿。抱っこもできず、アイコンタクトも笑顔を交わすこともないまま、ただ医師の指示に従うことで、あちこち〝病院巡り〟が始まります。

　自分の身に起こった状況に気持ちの整理のつかないまま、病院巡りを経て、そのたびに辛い「宣告」ともとれる受け入れがたい内容を聞き続けざるを得なかったお母さんたち。そのはてに、盲学校を紹介されたお母さんにとっては、いったいこれ以上何を言われるんだろうと、ますます不安を募らせているであろうことは想像に難くありません。そんな心身ともに疲弊したお母さんに、そして赤ちゃんに、私たちは何の指導のことばももてるはずがありません。

　初めて盲学校の門をくぐってきた赤ちゃんとその家族に対し、私たちのすることは決まっています。玄関での挨拶の後、何よりもまず初めて出会った、とても可愛らしい赤ちゃんをしっかり抱っこさせてもらい、声をかけます。「よく来たね」と。

　病院の長い廊下を進んだ先の診察室での「どうされましたか」ではない、「お待ちしていましたよ。これから一緒に頑張っていきましょう」そんなことばをかけてあげよう、初めての出会いはいつもそうありたい、と思っています。ここからが、支援の、そして早期教育の始まりです。出会った瞬間、お話をお聞きした瞬間から、私たちは、保護者の伴走者になる、それを自覚させられる出会いの瞬間であると思っています。

　次に、筆者が所属していた盲学校での育児支援の例をもとに進めます。

1）〝みんな〟で育ち合う育児学級「ひよこ教室」

　定期的な相談の段階になると、就学前親子教室の「ひよこ教室」へ入級することになります。そこでは、盲学校の幼稚部と一緒の活動になるので、お母さんにとっては成長していく子どもの将来像を重ねて見てもらえることにもなります。そして、幼稚部の子どもと共に参加ができるように様々な行事を組みますが、とりわけ私たちが大切にと心がけていることは、「誕生日会」を大きく取り上げることです。

　病院巡りの経験を経てきたお母さんたちが皆口々におっしゃったのは、「私はいつ母親になったのか、その実感がないままです」ということばでした。盲学校の早期教育に携わることになった私たち教師は、このことばをとても大切にしたいと思いました。それは、ここに共感がなければ早期教育として何も始まらないのではないか、という我々への強いメッセージだと受けとめたのです。

　生まれた当日、周囲の人たちは誕生したことを祝える状況になく、抱っこされた初めての人はお母さんではなかった、そして医療者のしかも複数の人の手を渡ってきたこの赤ちゃんに、私たちがまずしたいのは、生まれてきた

ことに「おめでとう」のことばをかけることだと思いました。

　そして、「大変だねぇ」「頑張ってね」はいっぱい聞けても、「おめでとう」をだれにも言われたことがないお母さんたちに、「お母さんになっておめでとう」を伝えてあげられる場を提供したいと思ったのです。誰にとっても大切な「おめでとう」を確認し、それを認め合える人や場を知ることで、目の前の赤ちゃんを自分の子どもとしてしっかり抱きしめ、アイコンタクトがとれなくてもスキンシップで伝え合いはできる、それをしっかり分かっていくことで〝障害のある子どもを頑張って育てるお母さん〟から解放されて、〝普通のお母さん〟になっていいんだ、ということをまず知ってほしいと思いました。それを伝えられるのが、盲学校の早期支援である育児学級であり、そのことが何より大事な役割なのではないかと思っています。

　幼稚部教室の壁の「お誕生日表」には、在籍幼児と共に、ひよこ教室の子どもたちの誕生日も一緒に並んで輝かしく飾られています。

2）お母さんには仲間が必要です

　〝自分の思いをしっかり受けとめてもらえた〟という経験をもったお母さんは、同じ境遇の人と出会ったとき、「こうしないといけない」という指導を押しつけるお母さんにはなりません。そうすることがどんなに人を追いつめていくことになるか、自分が痛いほど知っているからです。

　情報の伝え合いではない、ただ指導だけのやりとりでは、子どもも自分も追い詰めていき、そこでの人間関係は競争を生みます。〝思いを受けとめてもらえた〟という経験から、同じしんどさをもつ人を見て〝話を聞いてあげたい〟と思う者同士がつながると、それは仲間になります。そして何より、仲間をもつということは、将来にわたって子どもの障害受容と向き合うための心理的援助にもなっていくと感じています。

○保護者の仲間づくりを支援する「わかち会」

　私たちは保護者への情報提供の場として「わかち会」を設け、保護者同士

が集える機会としました。

　子どもとしばし離れ、「たっぷりしゃべって、しっかりつながる」、そのためにも毎月1回2時間の機会を保障しています。

　講師は、盲学校のことを知ってもらうためにも校内の教員が担当しますが、あくまでもお母さんたちが話すきっかけとなるための話題提供者です。私たちは、親の生活や、人生への深い理解と共感を抜きにした育児アドバイスが親を追いつめていくことをよく知っています。知恵ある専門職が、何も知らないお母さんたちに何かを指導するという構図ではなく、子育ての主体である親とともに講師も「私」を語り、「あなた」を尊重する関係の中でこそ、上座も下座もない円座で親同士もお互いの「顔」が見えてきて、経験の分かち合いをすることができるようになります。語ることが癒しとなって、さらに次の子育てへの、そして親としての自信回復への力にも変えていっているように感じています。

　また、全盲の教員の家庭生活や子育ての話は、いつも関心の高い話題です。

　個性溢れる子どもの育ちを認め合える親同士がつながると、支えられる体験が増えて安心した子育てにつながり、またその安定した親集団に包まれてありのままをいっぱい褒めてもらえる中で子どもたちが育つとき、共感と理解と信頼に裏打ちされた望ましい早期教育が実現されていくと実感します。

(3) 早期発見と継続的な支援のための地域ネットワークづくり

　子どもに何らかの障害が見つかった場合、医療機関とつながり、治療が始まります。先天性で明らかに視覚障害と分かる場合は、生後すぐに眼科医療につながりますが、すぐに発見されない場合には、3歳児健診を待つことになります。

　保健センター等で実施される健診には小児科医が携わることが多いので、運動発達遅滞や知的な遅れは指摘されやすいものの、その背景に眼科的な疾患が潜んでいてもそれになかなか気づいてもらいにくく、そこでまた眼科医療へつながることが先送りになっているという印象をもっています。

　そこで筆者の所属する盲学校では、眼科医療機関だけではなく、健診等でスクリーニングに関わる保健師らとも連携することで、ほぼすべての子どもに対応できるのではと考えました。保健師とつながることにより、小児科および小児整形外科の医師、そしてその先につながる理学療法士（PT）や作業療法士（OT）、言語聴覚士（ST）等にも、視覚障害について啓発することで、早期発見・早期ケアをめざしたいと考えました。彼らの専門性の視点の中に、例えば、姿勢の不自然さや四つ這いの出にくさ、手指の不器用さに視機能との関連をとらえてもらえるようになってから、盲学校への相談者が増えたこと、重度の重複障害児にも眼鏡処方が広まったこと、そして子どもの〝見え〟について保護者の関心が高まってきたことなど、視覚障害児教育への理解が広がっていることを実感しています。

　学校の担任は毎年変わりますが、保健師や訓練士はお子さんやその家族と長くつき合うことも多いため、子どもの〝見え〟についても長期的な対応が可能となります。そして何より、このような連携が広まり深まっていくことで、地域における視覚障害児の早期発見、ケアの支援者が増えることに期待をしています。

引用・参考文献
1) 猪平眞理「第8章　乳幼児期における支援」、香川邦生（編著）『五訂版　視覚障害教育に携わる方のために』慶應義塾大学出版会、2016年、p224-259.
2) 﨑山麻理「視覚障害乳幼児の早期指導の基本として保護者支援を考える」、全国視覚障害早期教育研究会『視覚障害乳幼児の早期教育研究』第4集、2004年、p21-26.
3) 五十嵐信敬『目の不自由な子の育児百科』コレール社、1987年.

（﨑山麻理）

タンバリンに手が伸びた！

COLUMN

院内で気軽に相談を

　近年、視覚特別支援学校は地域の視覚障害教育のセンターとして外部に出向く支援活動を広げており、そのひとつが、病院や保健センター等の医療機関において行われる訪問相談です。

　病院など医療機関の一角で行われる視覚障害児の院内相談は、視覚特別支援学校の相談活動の一部として、全国的に活動が増えてきています。視覚障害のある乳幼児の支援は早期から求められますが、保護者にとって眼科の診療で紹介された視覚特別支援学校は、なかなか足を向けにくいところです。そうした状況のなか、静岡の病院と盲学校との連携で、視覚障害乳幼児を対象にした院内相談が始まりました。気軽に相談ができ、ニーズの高い支援活動です。

　私が盲学校の教員として担当した病院では、眼科の診療で医師の判断のもと、院内相談があることを紹介されます。相談室は、眼科の診察室に隣接していました。隅に保護者との相談に使用する対面式のテーブルを置き、中心には子どもたちが遊べるスペースを設けておもちゃや絵本を用意しました。保護者は、私たち相談スタッフが子どもと遊ぶ様子を見て、視覚障害のある乳幼児との関わり方の配慮や工夫を確認してもらい、お話をします。時間は1件につき、1時間半程度をとりました。

　この病院は全国各地からの来院者が多いため、継続相談の場として居住地の盲学校の紹介もしています。相談内容のうち、最も多いのは子育てや遊びに関する具体的な事項、次に多いのは幼稚園・保育園等での生活や就学先に関する質問でした。

　担当医師や視能訓練士とは、相談内容についての情報交換を必要に応じて行いつつ、全体的な話し合いの会を年に2回程度開いています。

　このような医療と教育の連携により、子どもの眼科診療に直結した早期からの支援が可能となります。また保護者にとっては、視覚障害特別支援学校の存在や、視覚障害の専門的な教育の必要性に触れる機会となり、活動の意義は大きく、院内相談の必要性を強く感じています。

（楠田徹郎）

第2節　育児支援を行う基本

　筆者は長年、地域住民からの意見書を骨子とし、地域ケアの理念に基づき、育児上の心配を抱える親・子に対して、地域福祉を提供する身近な窓口として設置された相談事業に携わってきました。そこでは、お子さんの障害の有無、心配の内容、程度は一切問わず、それぞれに合わせた相談を行ってきました。

(1) 子育て支援とは

　子育て支援とは、子どもたちがそのもって生まれた力を十分に発揮して、心身ともに健やかに成長するように願うものです。子どもの育ちの問題は、母親と子の間にある関係の営みであって、どちらかだけの問題ではなく、親子双方への専門的な関わりを行います。そうして、親がその人なりの育児に自信がもてるような援助が、育児支援の基本です。

　人は支え合う生き物であり、他者を支え、交流し合いながら生きる特性があります。人間の赤ちゃんは、全面的にお世話されなければ生きていられない状態で生まれてきます。この赤ちゃんの母親への無条件に安心しきっている、そういう絶対的な信頼関係こそ、人間の心を支える根本的かつ重大なものです。

　乳幼児の発達は、一人ひとり違います。自分たち親子の固有の方法をじっくり見つけだすことが大切であって、すべての子どもに合う一様な育児のやり方はありません。また、支援者が上から下に向かって教えたり、導いたりしようとすることでもありません。すなわち、その歩みを共にすることこそ、その親子を支援することになります。このように母親を支えることは、同時に子どもを不安から守る意味でもたいへん重要です。

　視覚障害児の場合は、育児の始まりから医療関係者との連携の中に家族が
おかれることが多い状況です。したがってご両親は、わが子誕生の喜びを味
わう間もなく、〝無事に育つだろうか〟〝どうやって育てたらいいだろう〟と
いう大きな不安を抱えがちです。一方、赤ちゃんも、生まれたときから母親
との安心したやりとりが難しく、緊張しやすいようです。子どもの育ちにく
さは、母親にとっては育て難さでありますから、何よりもまず母子双方への
最大の尊重と思いやりが必要です。

(2) 幼児の問題に関するキーパーソンとして

　子どもの年齢が大きくなるに従い、成長に応じたその子に合った生活の場
を母親が確保し続けられるように援助します。一人ひとり違うであろう要望
や、その後の将来を見据えながら、どういうものが用意されればこの家族と
してはこの地域で暮らして生きやすいだろうかを、母親と共に考えます。
　市内のどこに、どんなサービスがあり、利用すると日常の親子の生活はど
んな感じになるのだろうかと話し合い、親がその気になれば利用できるよう
に援助します。
　さらに、専門性の高いサービスを日常生活に活かすような支援があれば、
親は難しい子どもの育児であっても前向きに取り組んでいきますので、多様
な機関との密な連携が望まれます。特に、地域外の二次的機関についての情
報を伝えられるだけでは、親が動けない場合もあります。したがって、親の
同意を得た支援者が、治療に同行したり保育園への訪問を依頼する等の実際
的な働きかけを積極的に行うことが重要です。
　その後、そのサービスを得て親子の生活にいい変化があったか、逆に負担
になっていないかと、確かめ合います。

(3) 日常の暮らしから

　母親から日常の暮らしの様子をよく聴いて、わが子とうまく関わりをもて
ないでいる点を焦点にして、話し合いの場をもちます。母親はどうしたらい

いか分からず困っていることもあれば、分かっているけれどうまくいかない
で悩んでいる場合もあります。本人が気づかずやっている母親自身の行動の
よい点を知らせたり、無理をしている感じを伝え、話し合います。母親も子
どもも、それぞれの個性をもっているので、その親子に合ったやり方となる
と「手作り育児」としか言いようがありません。その親の感覚、感情を聴き
ながら行っていくわけですから、こちらが教えるというよりは、親が気づい
ていくのを助けていくということでしょう。親は、自分の育ってきた環境や
現在の家族関係等の中から、解決の糸口を見つけてきます。

　親御さんの中には、人生に前向きな方もいれば、すべてマイナス思考の方、
すぐ気に病んでしまう方もいます。母親の思いは様々ですし、お子さんに与
える影響も多様です。また、そういう感じ方が、母親の持って生まれた性格
かどうかは分かりません。性格として片づけてしまうのは簡単ですが、そう
いう性格傾向をもちやすいようになっていること自体にも、その方の育ちの
歴史があります。そこから生まれてくる育児態度は、一人ひとり違いますし、
決して不変ではありません。自分に合った支援者と共生することで、親は育
児を通して変わっていきます。初めは、わが子のできないところしか見えな
かった方が、他児の良い変化に気づき、その母親に温かい声をかけ喜び合っ
ています。そうした母親たちの心持ちを感じ、支援者は嬉しくなります。

(4) 進路の相談と福祉制度利用の援助

　子どもの成長に応じて、幼稚園の年少組から入れるのか、保育園の障害児
保育を利用するのか、それとも専門的な発達支援事業に適しているのか、ま
た学校にはどういう種類があって、どこがふさわしいのかということの相談
をします。どの場を利用するかを最終決定するのは親ですが、家庭生活から
集団生活に入るということを、環境の変化としてだけではなく、社会性の広
がりとしてとらえていくようにします。現在の社会性の発達からみると、新
しい集団の場はその子にとってはどんなものと感じられるだろうか。同年齢
の子どもたちとの遊びの中で自分を表現していけるだろうか。こういった親

の期待と不安について話し合うことで、親が子どもの状態を理解できるように援助します。

　就学についての相談も同様です。まず、子どもが教育を受ける情況に入っていくという認識が大事です。どこの学校を選択するかだけが目的ではなく、子どもの特徴や現状の理解を深める機会としてとらえています。

　このように、入園や就学のテーマを抱えつつ相談を重ねるときは、支援者は、親より先に行き先を一つに絞らないことが大事です。

　また、子どもに視覚障害以外の何らかの障害があるとき、様々な福祉制度についての情報を提供し、親が利用しやすいように援助します。乳幼児の相談の中で、適切な時期にこのことを伝えていくことは、わが子の障害を親が受け入れていくプロセスとして重要です。しかし、療育手帳の利用を決めたとしても、親はなかなか心穏やかにはいられません。〝わが子が重複障害児かもしれない、いやそんなはずはない〟と何度も自問自答を繰り返してきた親も多く、判定を受け、結果を具体的に知らされたことによるショックはたいへん大きいものです。さらに、〝わが子はまだ幼いのに将来を勝手に決めてしまうようでたまらない〟という親の心情が伝わってきます。だからこそ、親だけでこの事態に直面するのではなく、相談者と共に直面できるようにと考えています。

⑸ 保育園のコンサルテーション

　幼稚園、保育園等の集団生活への入園を希望する場合、まずその施設とよく話し合うことが大事です。その際、できるだけ個別的な配慮を受け入れながらの園生活なのか、反対に特別な配慮は極力控え皆と同じことを同じように体験する園生活なのか、そのどちらを母親が期待しているのかを園等と共有します。

　当然、そうした場では、関係者が子どもの状態を共有してから集団生活のスタートということになります。同じメンバーで定期的な場が持たれ、子どもの状態を理解するのに手がかりになりそうな場面を取り上げ、どういう子

どもか、どういう関わりが必要か等を話し合います。

　実際の子どもの様子を中心に検討し、新たな対応を考え合うことが大切です。そうすることで、関係者間の信頼が深まっていくことに意味があります。回を重ねる度に、些細なことや対立的な意見をも躊躇なく出し合い、新たな展開が生まれるような同志になり、その子の保育によって互いに喜び合えるようになります。視覚障害教育の専門家がこのチームに当初から加わっていると、より効果的であるのはいうまでもありません。

(6) 早期療育

　一家庭の子どもの数が減少しているなか、子どもの成長にかける親の期待と不安は大きく、早期療育への取り組みは過熱し続けています。確かに、子どもへの発達援助である早期療育は有効ですが、それと同時に母親へのサポートも手厚くなされなければ、乳幼児の心の健康は守られないのではないかと危惧します。

　実際の問題が生じたら、その子どもについて具体的・個別的に相談することが必要です。そこで考えたいことは、どんな治療法や訓練でも、子どもがこちらに気持ちを向けたり目を向けてくれないと何もできないという、人との関係性に起因する問題があると認識することが重要です。それぞれの療育機関の場において、このことを基にさらなる工夫が望まれます。そうして、一人でも多くの親が、子どもと一緒にいることを楽しめるようになることを願っています。

　相談を通して、ことばを超えて親・子から学ばせていただいたことは筆者にとって子育て支援の原点になっています。

引用・参考文献
・田中謙「地域における障害乳幼児支援体制に関する歴史的研究——東京都東村山市『幼児相談室』の創設の経緯と特質の分析を中心に」、日本子ども社会学会『子ども社会研究』22、2016年、p119-137.

（馬場教子）

身体障害者手帳（視覚障害）の取得を！
―視覚障害児に適した福祉サービスを利用するために―

　筆者が大学在職中、社会福祉を教えながら、地元高知の視覚障害者のリハビリテーションサービスの普及活動を行い、視覚障害乳幼児や児童生徒のケアの相談にも携わることになった当初のことです。

　重度の知的障害児や重症心身障害児が通っている特別支援学校の先生から、「自分のいる学校には、視覚障害を合併している乳幼児や児童がたくさんいるので、その子たちの視覚に関わる話をしてほしい」という依頼を受け、視覚障害生活訓練指導員（歩行訓練士）や視覚特別支援学校の教育相談を行っている先生と共に、その学校を訪ねました。せっかくのチャンスでしたので、業者に頼んで拡大読書器や様々なレンズなどの視覚障害のための便利グッズの展示も行いました。

　展示されている拡大読書器に、ミッキーマウスとかドナルドダックとか、子どもたちが興味を持ちそうな絵を置いてみました。すると、見えているかどうかも分からないと担任の先生が言っていた児童が、顔を拡大読書器に近づけて、楽しそうにミッキーやドナルドを見て、今までの無表情が一変しました。別の絵をのせるとまた寄ってきてじっと見いり、確かに見ているのだということが分かりました。

　その子の担任の先生も、周りで見ていた親御さんも、「この子、見えてるんだ」と感動で涙を流されました。

　家にも置きたいとか、学校にも置けないかという相談になり、拡大読書器は約20万円もするけれど、身体障害者手帳（視覚障害）があれば、日常生活用具として給付されることをお話ししました。

　特別支援学校の子どもたちは、知的障害に対応している療育手帳や肢体不自由に対応する手帳を取得していて、それによって、例えば障害児に支給される手当や、各種の割引サービス、福祉施設の利用が受けられ

る仕組みになっています。

　ところが、視覚障害の方に特化した補装具に指定されている弱視レンズなどの高価なメガネ等を福祉制度を使って取得するためには、視覚障害に対応する身体障害者手帳（視覚障害）を受けていなければならないのです。しかし、ことばを話せない乳幼児の視機能判定はたいへん難しいこと、さらに知的障害などとの重複障害があると検査が難しいうえに、療育手帳などの手帳でほとんどの福祉サービスが受けられることから、親御さんも支援に携わる者も、身体障害者手帳（視覚障害）を取得することに対して積極的ではありません。

　また、重症心身障害を併せ有する子どもたちについては、見えているかいないか、どのぐらい見えているのかということよりも、マヒの治療、嚥下や排泄など、子どもたちの命をつなぐことに優先順位が高く、視機能のことにはなかなか支援者の目が向かないのが実情です。

　縦割りの障害者福祉サービスのシステムは、支援者泣かせですし、視機能検査が難しいとか、障害の固定化する３歳までは手帳を出さないとか、やっかいな問題が山積みです。それでも、視覚障害のある乳幼児の発達支援を考えるときに、視機能の把握はとても重要です。視覚障害に対応した補装具や日常生活用具の給付を受けることを考えるなら、身体障害者手帳（視覚障害）を取得することも大切な発達支援になると思います。

（吉野由美子）

第3節　医師の立場から教育相談への連携

(1) 告知から障害の受容

　日々の診察の現場で、お子さんに障害があることを知ったご両親の戸惑い、不安は測り知れないほど大きなものです。ましてや、視覚だけでなく肢体不自由や聴覚障害など重複障害の場合は、なおさら受容が難しくなります。告知を受けたご両親は、告知が「一生歩けるようにはならない」「父母の顔が見えるような視覚発達は望めない」といった厳しい内容であっても、「もしかしたら告知と違う良い展開があるかもしれない」という一縷の望みを抱いて真摯に子育てに取り組まれます。

　しかし、ほぼ告知のとおりの状況で前向きに養育を考えなければならない場合の第一歩として、早期に医療側と教育側の両者を交えて、できれば1歳前に共に相談する場を設けることが必要になると考えます。

　1歳という時期が、正常発達児であれば、つかまり立ちから独歩が可能になる頃で、障害のあるお子さんが「普通とは違う」ことを現実のものと実感し、ご両親が「障害のあるわが子」を改めて認めざるを得ない時期であり、告知の再受容、葛藤の時期であるとも思われます。

　この時期に医師として留意しなければならないことは、障害児の経過を観察していくうえで、医療と教育とは別々のものではなく、それぞれが連携し合うことで、お子さんの成長を楽しめるような心豊かな養育環境をつくれるように配慮する点ではないかと思われます。

(2) 豊かな養育のために

　障害のあるお子さんの場合、障害自体は治療による改善が見込まれたた

め、併発する感染症などの対症療法が一段落すると、しだいに通院の間隔が空いて、就学の頃には病院とは関係ない生活を送っている場合もあります。

　筆者も診察中に、他科診療科で乳児期に告知を受けたお子さんの幼稚園通園についての相談の中で、半ば諦めたように「この子を可愛いと思えない」というお母様の声を直に聞いたことがありました。また、障害のあるお子さんが家族と一緒に暮らしていても、家庭内で孤立して、きょうだい（同胞）とはほとんど関わらないという生活様式を送っている症例も経験しました。これらのことがきっかけになり、障害の程度に合わせて早期に養育相談を開始することを試みるようになりました。

　正常な発達のきょうだいへ注ぐのと変わらない愛情を持って、積極的に育児に臨めるかどうかの分岐点が1歳前後のように思われたため、それ以前に養育の相談を開始することを考えました。1歳前の早期から医師と教育者と同席で、個別にそのお子さんの可能性を考える「養育相談」を開始する取り組みを、教育大学の専門講座研究者と共に宮城県立こども病院で実施することを企画しました。通常の外来診察では、診察以外に一人ひとりに生活面や子育ての不安について長い時間をかけて問診できないことが現状であるため、外来診察時間とは別の時間枠で、一家族ごと個別に、子育てに関わっている祖父母も含めて話し合う形で実践しました。

　症例の内訳は、劇症型未熟児網膜症、低酸素脳症、先天性視神経萎縮、胎内ウイルス感染症、視覚領野形成不全、小脳形成不全、滑脳症等です。

　その中で、肢体不自由の重複障害のあるお子さんをもつご両親からは、「反応が乏しくて、どうあやしていいのか分からない」という意見が多く聞かれ、対象児とのコミュニケーションのとり方、実際の遊び方やその工夫、おもちゃの選び方など、具体的な養育点を指南することができました。

　また、利用できる公共的なサービスや、支援教育の選択など、症例によっては回数を重ねて就学までつなげる試みを実践しています。

＊　　　＊

59

　医療側は治療だけでなく、「養育」について常に心に留めて、診断書等の書面上のやりとりを超えて、対象児の養育に携わる人たちと積極的に関わり、使える機能がどのようであり、それを最大限に引き出す可能性について、各々が情報提供して考える環境を整えることが大切であると思います。

　ノーマライゼーション（Normalization）やインクルーシブ（Inclusive）という支援教育の新しい流れも把握して診察に臨み、対象児とそのご家族に最も適する養育を共に考える姿勢を持ち続けることを心がけたいです。

（山口慶子）

── COLUMN ──

NICUから途切れない支援を

　病院の乳幼児集中治療室（NICU）では、予定より早く小さく生まれた赤ちゃんが、保育器の中で治療を受けています。生命を維持するために様々なチューブやモニターのコードにつながれています。お母さんのお腹の中に比べたら、居心地の良い場所とはいえません。

「アラームが鳴るたびに、心臓が止まってしまうのではと考えたら、不安で不安でたまりませんでした。わが子が可愛い、生まれてきてくれてありがとうという幸せな気持ちにはなれず、いつ急変するか、命がなくなってしまうのではないか、本当に心配でそんな思いばかりで子どもを抱いていました」

　小さく生まれたわが子を育ててきた保護者は、大抵そのように話されていました。ようやく、命の危機を乗り越えたと思ってほっとする間もなく、主治医から「目については、光が分かるくらいの回復だろう」と告げられたら、これからどうしたらいいの、見えないってどういうこと、私が小さく産んでしまったからいけないのと落ち込み、先のことなど何も考えられないのではないでしょうか。

　私のいた盲学校では、NICUにいるときから相談支援に私たち相談員が出かけることができるようになりました。しかし、不安だらけの保護者に私たちは何ができるのでしょうか。保育器の中で懸命に生きている子どもと、それを見守る保護者の支えになれるのでしょうか。

　心がけたのは、同じ思いを抱えて子育てをされてきた先輩の経験を話すこと、保育器の中にいても子どもが安心できる関わり方があると伝えること、少しでも保護者の不安を軽くするために未来の子どもの姿が描けるようにすること、一人で悩まずみんなで育てていくこと、そしていつでも相談にのることでした。

　保護者、ご家族、そしてお子さんの笑顔が少しでも増えるような支援になることを願っています。

（中野由紀）

第4章

支援と指導の配慮 —事例を交えて—

先生と拍手「チャチャチャ」（幼稚部）

キャベツの観察（幼稚部）

第1節　運動・身体づくり：身体を動かす楽しさから

1　姿勢・身体づくり：首の座りから歩行まで

　子どもは本来動くことが好きですが、視覚に障害のある子どもは、身近な環境に自発的に関わっていきにくく、多様な動きや生活動作の獲得に難しさが生じることがあります。さらに肢体不自由のある場合には、特にその対応のための支援が必要になります。

(1) 乳児期の動きづくり

1）首の座りに向けて

　視覚を活用しにくい状況があると、首の座りにやや遅れが見られることがあります。そのため、抱っこで顔をすり寄せたり、腹這い姿勢をとったりするような遊びを多くしていきます。

　腹這いの練習には、顔を左右に向けたり頭を持ち上げたりしやすいように、子どもの胸の下にバスタオルをロール状に巻いて置くなどして援助をすると、腕や手指の自発的な動きを引き出しやすくなります。

　腹這いを楽しく続けるためには、手指を動かすと音や振動を感じられるおもちゃが有効です。おもちゃの音や色などに注意を向け、少しずつ頭を上げるように働きかけていきます。腹這い姿勢は、首の座りを促すとともに、背筋も鍛えられます。子どもの機嫌の良いときに励ましのことばをかけて意欲を引き出し、少しずつ腹這いの時間を延ばしていきます。

　子どもが手足を動かすと触れられるくらいの場所におもちゃを置いたり、

ベビーサークルやベビージムなどに、お気に入りのおもちゃをいくつも下げたりして（図4-1-1）気づきを促し、物や人と関わる楽しさをたくさん経験させます。

2）寝返りを獲得するまで

図4-1-1
吊り下げたおもちゃに手を伸ばす

首が座って身体が安定したら、意識して寝返りの力を獲得できるように取り組みます。ここでは、好きなおもちゃの音と光などを活用しながら横向きで遊んだり、おもちゃを少し遠くに置いたりして、寝返りを引き出すようにします。その際、急に触られるとびっくりするので、事前にことばをかけてから行うことが大切です。

動かす部位をしっかり触り、「コロンして前におもちゃを取りにいこう」などのことばをかけて始めることから、子どもと通じ合ったやりとりが生まれます。ことばがけには、前後・左右・上下など方向に関わることばも入れて、子どもの身体を中心にした空間の方向を伝えることも大切です。

特に肢体不自由のある子どもの場合は、手足の動きを引き出しやすいような関わりを行った後に、これからの活動をことばで伝えてから始めることが大事です。

毛布ブランコの遊びの中で最後に「ごろりんこ」と言いながら、〝転がして終わり〟とすることも身体が回る感覚を味わえ楽しく、自発的な動きを引き出していきます。

3）腹這いから四つ這いの動きを獲得するまで

腹這いができるようになるには、うつ伏せから両方の手のひらを床につけて、肘をピンと伸ばして腕立ての姿勢ができるようになることが、前段階として求められます。この上肢を支持する力は、ハイハイを行うためにも、歩き始めたときに転んだりしたときにも大変重要な役目を果たしますので、次

の①～④の段階を踏んで力を養います。

①うつ伏せでの姿勢保持

　うつ伏せで少し肘を支えて保持し、大人が子どもの胸を支えて、子どもが自分の両手で上半身を支える動きを楽しく経験させます。少し離れたところに音や光、振動があるおもちゃを置いて、動きを誘います。それには、事前に好きなおもちゃで、子どもと一緒に手元でたくさん遊んでおくことが大切です。

②うつ伏せからハイハイの動きへ

　うつ伏せから右方向・左方向の回旋運動が頻繁にできるようになると、後方への移動が多く見られるようになります。まだ足の蹴りが不十分なため、後ずさりの動きになるのです。ここでは左右交互に足を屈曲させるのと同時に、「そぉーれ！」の声かけで足の裏を手で押すと、足の蹴り出し方を学びやすくなります。

　こうしたとき、家族に呼びかけてもらったり、一緒に楽しんだりすることは大きな励みになります。子どもの手の届く範囲に鈴の入ったボールをたくさん置き、手を伸ばしたところに何かあるかと、もっと手を伸ばして触ったり振ったりしてみようとします。

③お座りができるまで

　この時期、子どもを膝の上に抱いて座らせ、ジャンプしたり、仰向けにしている子どもの両手を持ってゆっくり起こしたりするシーソー遊びなどでも楽しく遊べるようになります。このような遊びでは、お座りの準備にもなります。お座りの最初は倒れやすいので、大人が背中を支えて座らせます。次第に安定したお座りができるようになり、手指の使い方も広がります。また、肘付き椅子等に座ったりするときには、両方の足裏をしっかり床につけて、自分の身体を自分で支えている感覚を感じられるようにしていきます。

④四つ這いの移動へ

　腹這いの移動が可能になると、上肢の活用と合わせて身体を支える力も高まってきています。肘を伸ばして腰を上げ、四つ這いの姿勢をとる練習を取り入れていきます。布団の小山を乗り越えたり、おもちゃのトンネルをくぐり、一緒にタンバリンを叩いたり、少し工夫することで楽しく取り組むことができます。

4）膝立ちとつかまり立ちを獲得するまで

　四つ這い姿勢とともに、膝立ちもとても大切な姿勢です。例えば、テーブルの上に音の出るカラフルなボールを置いて、お座りから膝立ちになり、ボールに手を伸ばして取ってかごに入れる遊びなどは、膝立ち姿勢の連続した経験となります。テーブルに色の濃い滑り止めを貼るとボールも動かず、かごも明るめの反対色を使うなどすると見つけやすくなります。このような配慮の一手間が大切です。

　つかまり立ちの際に、膝を伸ばして棒状になって立つ子どもがいます。膝を伸ばした歩き方は重心移動がスムーズでないため、バランスを崩しやすかったり、速く歩いたり走ったりすることが上手くできません。このようなときには、重しを入れた大型の段ボール箱やテーブルの上におもちゃを置いて、その周囲を移動しながら遊ぶ活動が有効です。子どもは、おもちゃに近づくために中腰や身体を回し、自ら意欲的に遊びます。その際、けが等の予防のために、テーブルや箱の角には、安全用カバーの取り付けを要します。

⑵ ひとり歩きに向けた身体づくり

　移動運動の発達には、子どもの成長の個人差が影響します。特に視覚障害のある場合は、個人差が大きいものです。立位から次の動きにつながらないときに有効な遊びのひとつとして、子ども用のトランポリンの活用があります。トランポリンに座った姿勢でも、上下に揺らすと前方に手を伸ばしてバランスをとろうとしたり、自分で身体を上下に動かしたりし、さらに大人に

つかまった立ち姿勢で足踏みをしたり、振動を楽しめたりするようにもなります。

1）ひとり歩きの獲得をめざして

　伝い歩きの練習には、保育室などで外の光が感じられる窓際の棚を活用するのも一案です。棚に音の出るキーボードや、押すとブルブル動くおもちゃや、スイッチで音楽が流れる絵本などを動かないように固定して置きます。はじめは、棚にあるこの楽しそうなおもちゃをひとつずつ子どもに知らせ確認させていきます。そのうち子どもは、棚に沿って〝この次は何だろう〟と自分で移動しながら遊んでいくようになります。

　立ち始めから手引き歩行には、一人ひとりの子どものペースを大切にして援助することが大事です。自分でバランスをとりながら左右の重心移動をし、歩くリズムがとれるように「いちに、いちに、右足、左足」と大人がリズミカルに子どもの動きに合わせて励まします。周りに何があるかを伝えていくことも必要です。

　この頃には、外遊びで大人と一緒に歩いたりブランコや小さな滑り台で遊んだりと、いろいろな経験を積めるようになります。そのとき、子どもが外遊びで目を細めたり、つぶったり等することがあって、眩しさが疑われる場合は医療機関等に相談することが大切です。遮光眼鏡を活用したり、屋外ではつばの広い帽子などを使ったりするような配慮が必要となるからです。見えにくい子どもは、眩しさを軽減することで動きの改善がはかれることもあります。室内でも眩しがる様子が見られたら、室内用の遮光眼鏡やカーテンの利用、照明の工夫などをしていきます。

2）歩き始めの頃

　歩き始めの頃は、バランスをとるために、両手が上がり、両足が横方向に少し開いていることがあります。回数を重ねバランスのとり方が上手になってくると、手が下がってきて足の開きも気にならなくなることが多いようで

す。歩き方が安定しない頃の靴は、足首までしっかり覆うハイカットタイプ
で、土踏まずの部分が盛り上がっているアーチサポートがしっかりできてい
るものが適します。そして室内・室外を問わず、平らなところはもちろん、
公園の芝生、斜面などで「坂道、坂道、登って、降りて」など、ことばで説
明をしながら楽しく歩くことをしていきます。

3）歩行の確立から運動の拡大へ

　歩行が安定してくると、少しずつ走ることができるようになります。走り
ながら前傾姿勢をとったり、方向を変えようとしたりする動きも見られるよ
うになってきます。足腰の筋力が発達することによって、両足でジャンプし
たり、低い階段などでぴょんと飛び降りたりできるようにもなります。視覚
障害児の場合は、動きの一つひとつを繰り返し、楽しく何回も大人と一緒に
経験することで、様々な動きや運動を習得していきます。

引用・参考文献 ──────────
1）五十嵐信敬『視覚障害幼児の発達と指導』コレール社、1996 年.
2）香川邦生（編著）『五訂版　視覚障害教育に携わる人のために』慶應義塾大学出版会、
　　2016 年.
3）土田玲子（監修）『感覚統合Ｑ＆Ａ〈改訂第 2 版〉──子どもの理解と援助のために』
　　協同医書出版社、2013 年.
4）小林芳文（編）『ムーブメント教育・療法による発達支援ステップガイド』日本文化科
　　学社、2006 年.

（杉山利恵子・森　栄子）

2　リズム運動で楽しく身体を動かす

⑴ 視覚障害児にとってのリズム運動

　子どもたちにとって、その成長発達に沿って獲得した身体的機能を発揮し
ながら、身体(からだ)を動かすことはとても楽しいことです。しかし、視覚に障害の
ある子どもたちは、外界を視覚的に認知し、空間を把握することが難しいた
めに、自分から動き回ることに大きな不安や困難があります。また、他者の
動きを見てその動きを模倣することができないので、運動のきっかけをつか
めないでいます。そうした子どもたちが「楽しく身体を動かす」ためには、
適切な援助と工夫が必要です。

　音楽の歌やリズムには、ことばだけでは伝えられない動作を促し、励ます
力があります。そうした力を借りて、「体を動かすって楽しいね」と子ども
たちに伝えながら、幼児期に必要な様々な動きにチャレンジし、ボディイメ
ージやバランス感覚を高め、自分の身体の主人公になっていくことを応援す
るのが「リズム運動」です。

⑵「体を動かすって楽しい」を伝える

「触られること」「揺すられること」「抱きしめられること」などが子どもた
ちにとって「快」の感覚になるように、小さいときから身体の触れ合い遊び
をたっぷりとしたいものです。

　お母さんや先生と一緒に、手をつないだり、膝にのったりしながら一体と
なって動きをつくっていきましょう。ひとつの例を紹介します。

「♪　バスに乗って揺られてる　ゴーゴー、バスに乗って揺られてる　ゴー
ゴー、そろそろ右に曲がります。3、2、1、キュー！」

「バスに乗って」という、表現遊びです。視覚に障害のある子どもたちには、
膝で優しく揺らしてあげながら一体となって動きを伝えて遊びましょう。そ

して、「ゴーゴー」で一緒に手を上げ、「右に曲がります。3、2、1、キュー！」で抱きしめながら、右に曲がります。この歌は9番まであり、デコボコ道、坂道、急カーブと、いろいろな動きが楽しめます。自分でまだ動きをつくれない小さな子どもたちですが、楽しさが伝われば、「ゴーゴー」のところでは、きっと自分から「手を上げる」動きをしてくれるようになるでしょう。

　こうした「揺さぶり遊び」の中で大人と一緒に動きをつけて楽しむことで、「体を動かすって楽しい」を伝えて、「自分から」の動きへとつなげていきたいものです。

⑶ 基礎的な動きをしっかりと

「寝返り」「四つ這い」「歩く」「走る」「跳ぶ」など幼児期の身体づくりに欠かせない運動を、それぞれの動きに合わせた音楽リズムにのせてしっかり取り組みましょう。「寝返り」なら「どんぐり」の歌、「四つ這い」なら「お馬の親子」の歌、「跳ぶ」なら「ウサギのダンス」の歌という感じでしょうか。音楽の持っているリズムが、子どもの動きを励ましてくれます。

　もちろん、「こうするんだよ」と、最初は文字通り、手とり足とり優しく動きをつくってあげることが必要です。やがて子どもたちは、音楽と自分の動きを結びつけて、ひとりでできるようになります。動いていく方向も、ことばや音源でしっかりサポートして、安心して動き回れるように援助しましょう。特に、大きく空間を動き回る、「歩く」「走る」「跳ぶ」では、最初は手をつないで、その後は段階を追って、子どもたちが安心して動き回れる環境を整えていくことがとても大切です。

⑷ 自分の身体をコントロールする

　動きに変化をつけていきましょう。「歩く」なら、「速く、ゆっくり、止まる、方向転換をする、後ろへ」などです。こうした変化のある動きをつくっていくうえで、生演奏での音楽をぜひともつけたいものです。子どもたちの

動きを見ながら演奏することで、よりいっそうワクワク感が演出できます。また、笑顔いっぱいのときは、繰り返し楽しめるように、臨機応変な対応もできます。

　次にひとつの実践例を紹介します。

　歩いている途中で、「雷が鳴ったら止まってね」などの約束をするのです。子どもたちは、「いつ雷が鳴るのかなー」と、ドキドキしながら歩きます。また、「雷様がおへそを取るから、おなかをしっかり隠して、おへそを守ってね」と約束事を加えれば、雷の音で、「きゃー！」と叫びながら、おなかを押さえて急いで座り込みます。

　こんなふうに、動きの中にワクワクドキドキの場面を演出して、楽しみながら自分で自分の身体をコントロールする力が身につくように、工夫していきたいものです。

⑸「動きことば」と「リズム」で、いろいろな動きを伝える

　基本の動きをしっかり身につけながら、身体の柔軟性やバランス感覚や腕や足の運動といった日常では体験しにくい動きも伝えていきましょう。いろいろな動きを子どもたちが身につけるうえで、「動きことば」と「リズム」を結びつけたりして、楽しく取り組む工夫が大切です。

　長座（足を前に伸ばして座る）をして頭を膝につける運動には、「まげまげ、ゴチン」と3回目でしっかり曲げる動きをことばにしてリズムをつけます。足を開閉する運動では、「ひらいてとじて、ひらいてとじて」の動きことばにリズムをつけます。両腕を上げたり下げたりする運動では、「バンザイおろして、バンザイおろして」の動きことばにリズムをつけて、という具合です。動きことばとそれに合ったリズムが、子どもたちを励ましてくれます。ここでも、「ゆっくり」や「速く」という変化を加えれば、楽しみながら、しっかり運動量も確保できます。

　動きことばとリズムを組み合わせて、「子どもたちに分かりやすいリズム運動を」の発想で、たくさんのオリジナル曲が生まれた盲学校の実践もあり

ます。

⑹ 協応的運動を伝える

　視覚に障害のある子どもたちにとって難しいのは、身体全体を使った協応的な動きです。その代表がラジオ体操（幼児がこれを学ぶ必要はありませんが例として）です。視覚的に模倣することで、腕の動きや足の動きや体幹の動きを統合しながらひとつの動きをつくっているからです。学童期であってもこうした協応的運動を視覚障害児に伝えることは大変難しく、身体的機能や認識の発達の過程の中で適切な援助を経てようやく身につけていけるものです。

　幼児期の協応的運動の代表は、スキップでしょうか。スキップができると、なんと楽しい気持ちになることでしょう。子どもたちがスキップしていると、〝楽しそうだなー〟と私たち大人も感じるほどです。

　ここでは、協応的運動の代表として、スキップまでたどりついた5歳児の実践を紹介したいと思います。

○スキップができるまで（5歳児の例）
　成長発達の過程で、片足立ちやケンケン、ギャロップも体験してきた5歳児。そして、スキップに挑戦です。

　スキップの動きを分解すると、①片足を上げる、②上げたまま一歩前に進む、③足を踏み換え反対の足を上げる、④上げたまま一歩前に進む、となります。それを連続的に繰り返すことによってできる動きです。健常な子どもたちでも獲得できるのは5歳ですから、本当に難しい動きです。このとき、視覚に障害のある子どもたちには「ことば理解」も大切になってきます。教えるときに、「あげる、すすむ。あげる、すすむ」とか「左ケン、右ケンを繰り返す」などと、動きをことばで伝えて動きのイメージをつくります。こうしたことばを聞いて「先生の足触らせて」と、足を触りにきた子もいました。体幹を支える教師、足の運びを伝える教師と、2人で動きを伝える場面

もありました。様々な動きを「リズム運動」の中で体験し、「体を動かすって楽しい」の実感を蓄積しながら、「スキップもできるようになりたい」と運動への意欲が育ったからこそその挑戦です。

　最初はぎこちなかった動きも、音楽に合わせてつないだ手を少し強く引っ張ることで、進むタイミングを伝えていきました。こうした援助のなか、何度も動きを繰り返し、やがてぎこちなさから解放され、最後には音楽に合わせてリズミカルなスキップを満面の笑みで楽しめるようになっていきました。

　こうした協応的な動きを「分かるように伝える」には、援助する大人も試行錯誤の連続です。子どもの受け取る力やチャレンジの意欲の程度に十分配慮しながら、〝一緒に成長していこう！〟そんな思いが大切です。

⑺ 大きな動きを伝えるための道具の工夫

　短い一人用の「体育棒」や長い棒、バンダナ、「パラバルーン」といった道具は、大きな動きを子どもたちに伝えるのにとても役に立ちます。

　視覚模倣ができない子どもたちは、体幹の伸びの程度を認識できません。そんなとき、両手に持った体育棒を使って体がしっかり伸びるように援助します。「こうして歩くと、気持ちがいいでしょう」と、体の伸びる心地よさを伝えます。

　バンダナは、腕を大きく振る運動に役立ちます。手首だけではなく、腕全体で振ることで、バンダナがパタパタと揺れてくれるので、子どもたちはバンダナを大きく振ろうとして、その結果、腕の大きな動きを体験できます。

　また、教師が少し長い２本の棒を持ち、その間に子どもたちを入れて棒を持たせます。教師が棒を左右交互に上下に動かします。「カッチンコッチン」という時計の歌に合わせて、左右に大きく揺れての体重移動です。棒を使うと体幹が支えられるので、安心して両手をいっぱいに広げ、ゆっくりとした体重移動の大きな動きを楽しめます。汽車ごっこも楽しめます。

　パラバルーンは、みんなで引っ張りながら回します。力の入れ具合が難しいけれども、友達との一体感を味わいながらの大きな動きです。

　こんなふうに、道具の工夫もしながら大きな動きを伝えて、「体を動かすって気持ちがいい。友達と一緒に動くのは楽しい」をたっぷり体験してほしいと思います。

(8) 毎日の生活に組み込んで

　自分から動き回ることが難しい子どもたちです。お散歩や固定遊具遊びなどの身体を動かす活動と組み合わせながら、リズム運動に毎日取り組みたいものです。

　「動きを励ます音楽リズム」と「適切な動きことばでの声がけ」、そしてどのように身体を動かすのかを伝えるための「道具を含めた様々な工夫」で、何よりも、子どもたちの心が楽しさでいっぱいになり、思わず身体が動きだしてしまう、そんな「リズム運動」をめざしていきたいと思います。

参考資料
1) 全国視覚障害早期教育研究会（編）ＤＶＤ『視覚障害幼児の支援「リズム運動」──歌とリズムで心と身体を育む』、2005 年.

（今井理知子）

3　運動遊び

(1) 運動遊びの目的

　視覚障害のある子どもの場合、身体を動かすことの楽しさを知らせ、遊びの中で進んで運動するように働きかけることを大事にしています。運動遊びでは、多様な運動体験の中で動きを丁寧に知らせながら繰り返し取り組み、動きを身につけ、遊びの拡大をはかっていきます。そのためには、子どもが安心して楽しく身体を動かしたくなるような環境の設定と、遊具の工夫や適切な援助を必要としています。

(2) 歩く・走る

1）歩行・散歩

　運動の基本となる歩行の確立をはかるため、幼稚部では、校庭の散策から、近くの公園までの散歩に取り組みます。

　バイクの音や工事の音が苦手なため、外を歩くことを好まず、散歩の最中に時々途中で座り込んでしまう子どもがいます。子どもの気持ちの安定をはかりながら、公園での遊具遊びを楽しみにして、歌を歌うなどして楽しく歩くことを心がけます。手をつないでの歩行に慣れてきたら、安全な場所を選んで、声かけや音に向かって歩く音源歩行を楽しませたりもします。

2）音源走

　音源走とは、声かけや音に向かって走ることをいいます。音源は、リズム太鼓、タンバリン、鉦などが音を聞き取りやすいようです。音源に向かってただ走るのではなく、「駅に向かって、新幹線、出発！」などと、子どもの楽しいイメージをつくりながら声をかけることで、子どもは新幹線になった気持ちでうれしそうに音源に向かって速く走ろうとします。

3）鬼ごっこ

安全な場所で、友達を追いかけたり、逃げたりして思いっきり走り回って遊びます。鬼は鈴を持つなどの工夫をします。保育者が鬼になり共に遊びを楽しむことで、子どもの活動を高めていくことができます。子ども同士がぶつかったり、転んだりしないよう、安全面に配慮を要します。

(3) 遊具を使っての遊び

1）室内遊具

すべり台、トランポリン、木馬、タイヤシーソー、エコポニー、ボールプールなどです。手軽に遊べて、とても親しみやすく、室内遊びを活発にさせる遊具です。なかでもトランポリンは、子どもたちが大好きな遊びです。飛び跳ねる動作は、感覚的に心地よいもので、子どもたちは楽しく身体を動かすことができます。遊具は日常の遊びの中で取り組みやすいように、保育室等の身近に配置すると、子どもが主体的に遊ぶことができます。

2）屋外遊具

すべり台、ブランコ、グローブジャングル、鉄棒等があります。どれも親しみやすい遊具ですが、初めて取り組む際には、その遊び方を十分に知らせることが大切です。

すべり台では保育者が一緒に滑り、滑る感覚に慣れてからひとりで滑るように働きかけて、怖い思いをせずに遊びを楽しめるようにします。

鉄棒は、両手で棒を握りぶら下がることから始めます。次に両手で鉄棒を握り両足を鉄棒にかける「ブタの丸やき」、鉄棒に慣れてきたら、補助をしながら前回り降りを働きかけます。遊具遊びではしっかりと補助をし、子どもが安心感をもって安全に取り組むことを心がけます。

(4) 乗用玩具での遊び

乗用玩具には、足けり乗用玩具、電動の乗用玩具、三輪車、補助付自転車

などがあります。乗用玩具での遊びでは、人に押してもらいながら、自分で動かす運転手になる喜びを感じ、達成感や自信を育みます。

　足こぎの自動車は、本物そっくりの足蹴りの乗用玩具です。角のない丸い形で安全で、足運びによって好きな方向に向かうことができ、方向感覚が養われます。

　三輪車は、足の蹴りで移動することから知らせ、慣れてきたらペダルに足を乗せ、ペダルをこぐことを知らせていきます。少しずつ上達することを全身で感じ、そのうれしさで夢中になって繰り返し遊びます。

　三輪車が楽しめるようになったら、補助付自転車へと働きかけます。補助付自転車の操作に慣れたら、弱視児は校庭の白線に沿って走らせていきます。全盲児は、音源に向かって走らせたり、音源の方向を片方の耳でとらえて音源の周りを走ったりします。

　乗用玩具の色は、校庭とのコントラストがはっきりしているものを選んでいます。

(5) 手具・用具を使った運動遊び

1) ボールを使っての遊び

　ボールは、「転がす」「投げる」「蹴る」「弾ませる」など、幼児の運動遊びの中でもよく使われる用具です。視覚障害者用のボールには、鈴入りバレーボール、鈴入りサッカーボール、ブラインドサッカーボール、鈴入りビーチボール、バランスボールなどがあります。

　視覚障害のある子どものためのボールは、音の出るもの、色が鮮やかで地面とのコントラストがはっきりしたものを選ぶことで、追いかける、受けとめるなどのボール遊びがしやすくなります。ビーチボールは身体にぶつかっても柔らかく、安全に遊べます。

①ボール転がし

　2人1組になってボールを転がし合います。ボールを転がす子どもが「い

くよ」と声をかけ、受けとめる子どもは「いいよ」と声を出したり、手を叩いたりして位置を知らせます。始めは近い距離から転がし、徐々に距離を長くしたり、人数を増やしたりして順番にボールを転がします。ブリキのバケツや空き缶、並べたペットボトルに向かってボールを転がすのも楽しい遊びです。

②ボール投げ

　手のひらで握れるくらいのボールを使って、段ボールなどの箱の中に投げ入れたり、ボードに当てたりして遊びます。ボードは、木や段ボールの板などに、見てとらえやすいように色付けをします。ボードの場所は、声かけや音源で知らせます。

③バランスボールでの遊び

「ギムニクボール」と呼ばれる、バランスボールを使用します。ボールをついて弾ませる体験もできます。また、様々な姿勢でボールに乗ってバランスをとり、ボールの弾性を利用してリズミカルに身体を上下に弾ませ、楽しく動きながらバランス感覚を身につけます。転がる、弾むなど、動きそのものの楽しみを体験できることにより、夢中になって遊ぶことができます。

　ボールに座らせるときの補助は、ボールの中心の上に上体の体重が乗るように気をつけます。音楽に合わせて楽しく取り組めます。

　ボールの大きさは、子どもの身長に合わせます。ボールの直径は35〜45cmがよいようです。ボールに座り、足を床につけて膝と腰の角度が90度になるように大きさを調整します。

　2）フラフープやホース跳び

　縄跳びの導入として、フラフープを両手で持って、フラフープを回して、飛び越します。保育者がフラフープを回している様子を見せたり、フラフープの軌道を触って知らせたりしています。

次に、子どもの長さに合わせたホースを使って、ホース跳びを行います。ホースは形状がしっかりしているので、縄よりも飛び越しやすいのです。

3）布のブランコ

保育者2人が大きな布の両端を持って、その上に子どもを寝かせて、「カッチンコ」の歌に合わせ、左右、上下に揺らす遊びです。

布の感触に慣れ、身体の余分な力を抜いてリラックスすることで、バランス感覚が育まれます。揺れることが怖いと感じる子どもには、表情やしぐさを確認しながら、揺らし方を調整します。

布のブランコは、乳幼児のどの年齢にも好まれる遊びです。年長児には布の持ち手として参加させたりもします。

4）マットの山登り

跳び箱や巧技台の上にマットをかぶせ、積み上げられたマットを山に見立てて、よじ登ったり、滑り下りたり、跳び下りたりします。腹這い滑りなど、全身を使った遊びになります。慣れてきたら、お尻で滑り下りることを働きかけます。子どもの力に応じて山の高さを変え、それぞれに達成感が得られる工夫もしていきます。

5）棒を使っての遊び

長い竹の棒を2本使い、両端を保育者が持ち、棒の中に子どもたちが入り両手で棒を持ちます。保育者と子どもたちが一緒に棒を持ちながら、しゃがんだり、立ったり、棒を上げたり、振ったり、前や横に移動します。棒は、両手でしっかりと握り、持続して持てるようにします。棒を持つことで友達の動きが分かりやすく、安定感も得られます。子どもたちは「電車ごっこ」として楽しみます。

6）マット・跳び箱・平均台・トンネル等を使ってのサーキット遊び

　多様な運動を体験できる遊びとして、サーキット遊びがあります。サーキット遊びは、保育者の意図に応じていろいろな遊具の組み合わせや動きの組み合わせが可能です。

　まず、室内に遊具をサークル上に配置します。位置関係を把握しやすくするため、遊具と遊具の距離は短くします。遊具の位置は、声かけや音源で知らせます。マットのところでは、横転またはでんぐり返しをします。跳び箱の上を移動し、平均台を渡り、トンネルをくぐります。これらの活動を順番に繰り返します。これによって、転がる、登る、降りる、またぐ、歩く、這うといった基本的な運動を行います。

　導入ではしっかりと補助をして、安心して取り組めるように配慮します。平均台の上を歩くのが難しい場合は、またいで移動します。トンネルに入ることに抵抗があったり、四つ這いで進むことが難しかったりする場合は、トンネルを短くするなど、子どもの運動能力に応じた課題の難易度を設定し、補助をして成功感を味わわせていきます。動きが安定してきたら、ひとりで取り組ませるようにもしていきます。

引用・参考文献 ──────────
1）猪平眞理「第8章　乳幼児における支援」、香川邦生（編著）『五訂版　視覚障害に携わる方のために』慶應義塾大学出版会、2016年、p235-236.
2）高見節子「幼稚部における指導の工夫──運動遊びの領域で」、筑波大学附属視覚特別支援学校 視覚障害教育ブックレット編集委員会（編集）『視覚障害ブックレット』1学期号（07）4号、2007年、p24-29.

（高見節子）

第2節　視覚障害のある乳幼児に対する　　　摂食嚥下リハビリテーション

　摂食嚥下（食べ物を認知し、口に取り込み、飲み込むまでの過程）の機能発達を基本にしたヒトの食行動は、「放っておいても上手になる」のではなく、日々の経験と学習の積み重ねによって獲得・発達するものです。したがって、視覚障害があるために困難になりがちな「食に関する経験や学習」を子どもの心身発達状況に合わせて支援し続けることが必要です。しかし、摂食嚥下機能の発達状況は様々で、「視覚障害児における摂食機能障害」とひとくくりにはできません。視覚障害だけのケースから、精神発達遅滞や非常に重度の身体障害を抱えるケースまで、一人ひとりの抱える問題は異なるのです。

(1) 視覚障害乳幼児の食の問題について

「食べる＝栄養摂取」という観点から考えると、視覚障害以外に心身の問題が少ない場合は、摂食嚥下リハビリテーションが必要になることはまれでしょう。一方、心身に何らかの発達の遅れを併せもつケースでは、哺乳困難、過敏や心理的拒否による嚥下・捕食・咀嚼機能障害、視覚からの模倣が困難なために顕在化する押し込み食べや食具食べ不全、食事マナーの問題まで、摂食嚥下リハビリテーションの対象となる課題は多岐にわたります。視覚障害のある子どもは、視覚以外の知覚を駆使して外部からの情報収集を行うため、情報収集器官でもある口周囲や手に感覚過敏や心理的拒否があると、乳幼児期の摂食機能発達が阻害される可能性が高くなると考えられます[1]（図4-2-1）。

　これらの問題を軽減し、食事を子どもの健やかな心身発達に結びつけるためには、摂食嚥下機能発達についての基礎知識をもとにして、子どもの支援

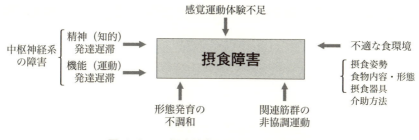

図 4-2-1　摂食障害を誘発する阻害要因　　　　出典：文献 1 より。

にあたることが大切です。

⑵ 摂食嚥下機能発達の基礎知識

　他の機能発達同様、摂食機能は「外部環境からの経験と学習によって発達・獲得される」という考え方が基本となり、発達期摂食嚥下リハビリテーション（摂食嚥下機能障害に対する発達療法）が行われています。

　ここでいう「学習」は、教育現場にあっては当たり前の、そして親しみやすいことばではないかと思います。これは、学校の先生方には受け入れやすい理論である一方、急性疾患に対する素早い対応を求められる医療界には馴染みにくい面があります。特に医科では、「嚥下できて、体重減少がなければ、問題なし」という見方をされることが多いようですが、「摂食嚥下」「食事」「食べ方」などをより幅広くとらえて対応することが、社会生活を行っていくうえでは大切です。

　「食べることは学習である」ならば、食事時間を楽しい学習の時間として積極的に活用する必要がありますし、子どもたちの摂食機能を伸ばす理論や技術があることを知って、食事介助にあたってほしいものです。

１）摂食機能の発達とその障害

　摂食機能の発達は、図4-2-2に示す通り、いくつかの段階に分けられています[2]。発達段階に関していろいろな考えがありますが、目安としてとら

えておくと、子どもの食事を評価する基準が明確になります。摂食機能発達は、口腔機能のみの発達だけでなく、姿勢保持に代表される全身の機能発達、食器保持力に関係する手指機能発達などと、相互に関係しながら発達していきます。

2）視覚障害によって阻害される点と具体的支援

・重度の嚥下障害、過敏、心理的拒否、経管栄養のケース

　食物を用いない、間接訓練が主体となります。乳幼児では、信頼関係構築のための脱感作（食覚過敏を取り除くこと）や声かけなどが特に大切です。過敏や心理的拒否があると、口腔ケアや口腔運動の抑制やコントロールに支障をきたし、結果として摂食機能発達阻害に結びつきます。脱感作の基本は、

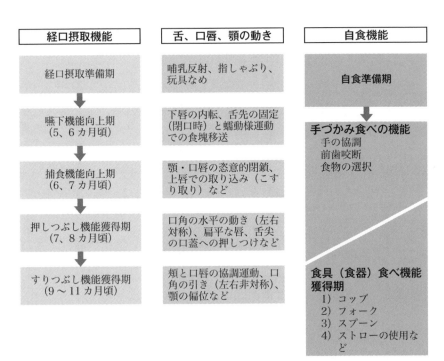

出典：文献2より。

図4-2-2　摂食機能獲得段階の特徴的な動き

信頼関係をもってしっかり触ることを継続します。

・捕食と咀嚼の発達段階でつまずいているケース

①唇を閉じない→閉じることを手伝う、閉じるまで待つ、を基本にします。

　　口唇を閉じることには2つの意味があると考えます。

　　ひとつは、摂食機能発達の基本をなす重要な動きである点、2つ目は子どもの食べたいというサインでもあるという点です。それを無視してなすりつけてしまうのは、捕食機能発達を阻害します。それはその後の段階の押しつぶし、咀嚼、自食機能発達や歯並びにも影響します。

②押しつぶし練習に必要な食材を工夫しましょう。豆腐や野菜の柔らか煮など、押しつぶし運動を引き出す食材の提供が重要です。

③前歯でかじり取れる、大きめで柔らかめの食材を手づかみで食べる練習をしましょう。

・口と手の協調に問題のあるケース

○支援の方法（食べ方、食べさせ方）

　捕食させるのか、押しつぶしさせるのか、前歯で噛み切らせるのか、手づかみにするのか、食器にするのか等々によって、たった1さじ、たったひと口の食べ物でも子どもの反応は違います。その違いをしっかり受けとめるアンテナをもって、支援を行ってください。この発達段階では、自分で食器を持って食べることだけを優先すると、姿勢が悪い、食べこぼす、かき込むなど、様々な問題を見逃すきっかけになりかねません。時には食器を持つ手に手を添えるなどして、何度も繰り返し誘導するような練習が必要になるケースもあります。視覚的に模倣することが困難なケースでは、声かけや誘導により繰り返し学習で覚えてもらうことや、その成果についてきちんと評価し、褒めてあげることが大切です。

> ### より良い環境の提供
> 食べ物が教科書で、介助者が先生。そして、自発性を育てる

85

⑶ 心に残ったケース

　全盲あるいは全盲に近い状況の子どもさんで、忘れられないいくつかの症例があります。

　Ａちゃんは小学生、重度心身障害があり経口摂取は行っていませんでした。顔色が悪く、声かけに対してほとんど反応せず、むしろ迷惑な様子がありました。学校の先生の協力で、歯磨き時の歌と味覚刺激のためのオーラルリンスを併用し、楽しい時間になるよう働きかけてもらいました。その結果、歌を聴くと笑顔がみられるようになりました。

　Ｔ君は３〜４歳頃当院を受診しました。口腔周囲だけでなく、全身に過敏（心理的拒否？）がみられ、抱っこしようとすると、身体をそらせて接触面を極力少なくするような行動がみられました。過敏があるにもかかわらず、栄養摂取のために無理に抱っこをして哺乳瓶から高カロリー栄養剤を飲ませていたため、食への心理的拒否を招き、悪循環になったケースでした。抱っこと無理な栄養摂取を切り離し、信頼関係構築を重視した触れ合いや声かけ、遊びを継続した結果、抱っこで笑顔がみられるようになりました。

　Ｓさんは中学生。うまく噛めず丸のみするという相談がありました。食事の状況を観察すると、自分で食器を持って食べているにもかかわらず、唇が閉じず食具を歯でかじって食物を取り入れたり、口の奥に押し込んだりするような状況がみられました（捕食不全）。手づかみで大きな食物をひと口ずつかじり取る練習や、介助下で口唇を閉鎖する練習を積み重ね、少しずつ噛む回数が増えました。

＊　　　＊

　食の場面で、障害のある子どもたちに健常児が育つのと同様の環境を提供することは難しい面があると感じています。障害があるために目隠しされてしまう部分があって、環境のほうが悪循環を与えるように働きかけてしまうからです。療育に関わる専門家は、子どもたちを育てる環境が発達を阻害するものにならないように注意しなければなりません。

「食べることは身体と心の栄養補給」と考え、栄養摂取のための給食にとらわれず楽しく摂食機能を学習できる、そして子どもの力を伸ばしていけるような関わり・指導を通園施設・学校単位で継続してほしいと思います。本稿にそのヒントになることがあれば幸いです。

引用・参考文献 ─────

1）金子芳洋（編）、金子芳洋・向井美惠・尾本和彦『食べる機能の障害──その考え方とリハビリテーション』医歯薬出版、1997年、p44.

2）田角勝・内海明美「嚥下運動の発達」、田角勝・向井美惠（編著）『小児の摂食嚥下リハビリテーション　第2版』医歯薬出版、2014年、p44.

3）田角勝・向井美惠（編著）『小児の摂食嚥下リハビリテーション　第2版』医歯薬出版、2014年.

4）金子芳洋（監修）、尾本和彦（編）『障害児者の摂食・嚥下・呼吸リハビリテーション──その基礎と実践』医歯薬出版、2005年.

5）金子芳洋・菊谷武（監修）、田村文誉・楊秀慶・西脇恵子・大藤順子『上手に食べるために──発達を理解した支援』医歯薬出版、2005年.

（千木良あき子）

第3節　子どもにとっての生活習慣の自立とは

(1) 生活習慣の自立とは ── 子どもの願いを形に

　生活習慣の自立とは生活を楽しみ、なりたい自分になっていくことだと思います。すべてを自分でするということではなく、時には適切に他者に依存し、今の生活を充実させることなのでしょう。子どもたちの姿からこのことについて考えてみたいと思います。

　1歳児クラスを担任する保育士さんの話です。

　いつも保育士さんの膝の上で保育士さんといっしょにズボンをはいていたミクさんが、「や〜の」と言って拒否しました。そこで保育士さんはミクさんの前にズボンを広げて、他の子どもと着替えをしながら様子を見ることにしました。すると、ミクさんは自分ではこうとしています。保育士さんは声をかけて励まし、苦労しているところは手助けし、ミクさんは頑張り通してズボンをはくことができました。ミクさんは「おぉ」と声を上げて手を叩き、達成感に満ちあふれた笑顔でした。

　また、3歳児クラスの保育参観をしていたときのことです。マサシくんが「ぼく、お箸で食べるの」と得意そうに話しかけてきました。彼はこの日からお箸デビューとなったようです。

　手を叩いて喜びを表現するミクさんの姿や、少し緊張した面持ちで昼食を食べるマサシくんの様子からは、生活習慣の自立というのは、〝そうしなければならない〟ではなくて、〝そうしたい〟という子どものこころの中に生まれた願いを形にしていくことなのだと思った次第です。ミクさんの担任は、〝自分で（やりたい）〟という気持ちに寄り添って最小限度の適切な手助けをして、成功体験につなげました。マサシくんの担任は、競争意識をあおると

いうのではなく、"○○くんたちみたいにお箸で食べるようになりたい" という子ども同士の関係性を大切にしながら、子ども一人ひとりの手指先の巧緻性の発達を見極めて、スプーンから箸への移行を促していったのです。

⑵ 食事の自立とは

　アキさんは、はっきりとした色が区別できる程度の視力です。彼女がまだ2歳にならない頃に、手で食べることに悩んだ保育士さんから相談を受けました。食べる様子を見せていただき、保育士さんと話し合った結果、もうしばらくは手で食べることも大切にしよう、という結論に至りました。

　その理由としてまずひとつには、手は目でもあるということです。食事は目でも食べます。どんな料理なのか十分に堪能してもらうためにも、触って確かめることはむしろ推奨したい行動です。また、アキさんの "知りたい" という気持ちから出た自ら触るという主体的な行動を最大限に尊重したいのです。食材の大きさや硬さに合わせて、摘まんだり握ったりする力加減を覚え、手指の操作性も向上していくことでしょう。触って知る、触る力を伸ばすという意味では、食事場面は絶好の学習の場面でもあるのかもしれません。

　もうひとつは、スプーンや箸などの道具は手の延長であるということです。つまり、自分の手の動きとして道具の機能を認識することが、後に道具を使う時に重要になってきます。道具がどのように使われているかを目で見るように、アキさんは手で経験的に知るわけです。自分の手で食べ物を口元まで運ぶことで、テーブルから口までの距離も経験的に理解していきます。手の延長上に道具を持つためには、道具の機能の理解、テーブルから口元までの距離感覚、道具を使いこなす手指先の巧緻性などなど様々なことが必要です。これらの力が揃ってきたときに、少しずつ援助しながらスプーンなどを使うように促すことで、おそらく道具を使ったほうが便利だと気づいて、使うようになることでしょう。

　「中学生になっても手で食べていたら、また相談してください」と冗談とも本気ともつかない言葉で笑って終わった話し合いでしたが、4歳になる頃に

は、アキさんは道具を使って食事をするようになりました。

(3) 排泄の自立とは —— トイレトレーニング

　基本的な生活習慣ということでは、トイレトレーニングのこともよく話題にのぼります。トイレ行動にはいくつかの要素となる事柄があります。

　まず、トイレで排泄するということの基本は、行為の場所を分けることだと考えています。いつでもどこでも型のオムツから、排泄用の専用空間を利用することです。そのためには、反射である排尿行動をコントロールする生理・神経的な成長が必要です。

　つまり、膀胱にオシッコをためておくことができ、尿意を感じることや、それを我慢できることです。また、衣類の脱着ができること、大便器の座り方、男の子ならば小便器の前に立つこと、時にはスリッパに履き替えることなど、トイレの使い方が分かることも必要です。

〈事例〉ルイくんの場合

　ルイくんは全盲の男の子、マイペースな育ちのお子さんでした。お母さんは、2歳になったらオムツを取ろうと頑張りましたが、どうにもうまくいきませんでした。結局諦めて、少し時間はかかりましたが、小学校に行くまでにはオムツを取ることができました。後にお母さんは、「ものごとにはタイミングがある」としみじみと言われました。

　ルイくんは地域の保育園に通っていました。保育園は発達段階に合ったトイレ空間があります。3歳児のときには保育室からバリアフリーにつながったフロア張りのトイレ、4・5歳児になるとスリッパに履き替えるトイレで、そこには目皿（排水口の網状の蓋）があったので、ルイくんは「めざらのオシッコ」と命名していました。ルイくんはこの2箇所のトイレで徹底的な探索の時間を過ごしました。3歳児のときに使用していたトイレは、小便器と大便器それぞれ2つずつ、手を洗う場所と、汚物流しが設置されていました。

　ルイくんは手や足で床をどんどんと叩いたり、「ど・ど・やーん」と当時、

練習していた太鼓のリズムで大きな声をあげたりして、響き方を楽しんでいました。動くものはすべてカタカタと動かしてみていました。小便器の水栓レバーをカタカタ、大便器の水洗レバーもカタカタ、ついでに水もジャーと流す、トイレットペーパーホルダーもカタカタ、便座もカタカタ。大便器では座る向きをいろいろ試してみたり、大便器の中に手を入れて調べてみたりもしていました。手洗い場は床からの高さ、洗面台の形、水栓レバー、蛇口、排水溝に至るまで、細かに調べ尽くしていきました。またトイレの中をそろそろと動いて、設置されている便器や手洗い場の位置、入り口との関係を調べて回りました。

　トイレの中は、目的がはっきりしていて固定されたものだけがあり、他の幼児たちが賑やかに動き回ることがない、こぢんまりとした空間です。全盲のルイくんにとっては、探索に適した場所だったのでしょう。また、彼のトイレ探索の時間を共感的に共有して付き合ってくれた学生さんがいました（※）。日頃はトイレの探索に十分には付き合うことができない保育士さんも、学生さんが来られた日は〝存分にどうぞ〟とあたたかく見守ってくださいました。4・5歳児のときにも、「めざらのオシッコ」で付き合ってくれる学生さんと、あたたかく見守ってくださった保育士さんのおかげで、彼は存分にトイレ空間を探索しました。

・トイレを主体的な学習の場としたルイくん

　ルイくんのトイレ空間の探索行動が示してくれることはなんでしょうか。ひとつは、主体的な探索行動が起きているときには、それを最大限、保障したいということです。上述したように、トイレ空間は探索に適した空間です。トイレで探索するなんて、汚いのでしょうか？　いいえ、乳幼児が使う保育園のトイレ空間はいつも丁寧に掃除されていて、むしろどこよりもきれいでした。

　もうひとつは、こうした主体的な探索行動がトイレを認識していくために有効な学習となっていったということです。トイレ使用の基本のすべてがこ

の保育園の2箇所のトイレ空間の中にあります。水栓レバーの形状と使い方、便器の形状と使い方、トイレ空間に配置されるものの種類など。長じて、どんな場所のトイレも使いこなしたルイくんですが、その基盤となる力は保育園で培われたのです。

　そしてさらに、生活習慣の自立には、共感的に活動を共有して付き添う大人の存在が大切だということです。ルイくんに付き合った学生さんは、「ルイくんにとってトイレは、"どうなっているんだろう"と非常に興味がもてるものであるのだと思い、ルイくんの探索を抑制せずに、応援するようにしようと考えた」[1]と述べています。

　次に、生活習慣の自立は訓練ではなく、本人がそうなりたいと思う気持ちから始まるということ、そして関わり合う人の存在があることを示す事例を紹介します。ご飯を食べさせてもらっていたナナさんが、自分でスプーンを持って食べるという世界に踏み出したという話です[2]。

(4) 本人の意欲と他者との関係から生まれる「自立」――ナナさんの事例から

　盲学校の幼稚部に入学したナナさん（仮名）は、光が分かる程度の視力です。入学当初は食べさせてもらっていましたが、担任はナナさんとスプーンを介してやりとりを重ねて、やがて自分でスプーンを持って食べるようになっていきました。

　まず1学期、担任は食事に関して、2つのことを彼女との間に挟みました。ひとつは、「〜だよ」と声をかけてナナさんの手の甲をスプーンでトントンと軽く叩いてから口元に運ぶこと。2つ目は、スプーンを唇に軽く触れさせてから、「ぱくんしよう」と唇ぎりぎりで止めて、ナナさんのほうからスプーンに口を寄せてもらうことです。

　ナナさんはすぐに自分からスプーンを口の中に入れるように顔を寄せてきました。さらに時たま、ガイドしてナナさんの手をスプーンの上にのせてみましたが、その都度、手は引っ込められました。スプーンを口元に運ぶとき

に、ナナさんの手を軽く握って「この手を使ってほしいなぁ」と担任は願っていました。

1）やってみようという気持ち

　2学期になり、ナナさんの食事での様子はどんどん変わっていきました。おやつのプリンを食べるときに、ナナさんの手をガイドして担任が持っているスプーンの上に置いてみました。彼女は嫌がる様子もなくその手をスプーンの上にのせたままで、スプーンが口の近くにくると離しました。同じ日の給食時にもガイドしてスプーンの上にナナさんの手を置いて食べるやり方をやってみました。少しも嫌がる様子がありません。翌日の給食のときには、1度だけ、彼女のほうから手がすーっと出てきたり、口に入る直前までスプーンの上に手を置いたままにしたりするようになりました。さらにその翌日、ナナさんがスプーンに手を添えるようになって3日目の給食のときに、大きく変化しました。食べ始めるときに、はっきり自分から手を伸ばしてスプーンを持ち、口元に引き寄せました。スプーンを引き寄せることに意識が集中している様子で、引き寄せ方には勢いがあります。

　ナナさんがスプーンを持つ様子は、次のようになりました。ナナさんが「まーまー」（呼びかけるときに言う。食事のときには〝次をちょうだい〟の意味）と言うと、担任は「はい、○○だよ」とスプーンを皿に置き、スプーンの端を持ちます。ナナさんは右手を差し出してきて担任の手を探し、担任の手をたどってスプーンを見つけると、それをつかんで口元へ引き寄せます。担任はスプーンを軽く支え、口に入りやすいように調整していますが、できるだけ彼女の引き寄せようとする動きを邪魔しないようにしました。この日の食べ始めと食べ終わりでは、スプー

図4-3-1　スプーンで食事

93

ンの引き寄せ方がずいぶん違っています。スプーンの使い方について研究し、練習しているというように見えました。最後はすっかりお腹がふくれているのに、やめないという感じでした。ナナさんはスプーンを持って口の中まで入れると、スプーンを離します。スプーンの上の食べ物を口の中に残し、スプーンだけを引き出してくる（食べ物を取り込む）のは、ナナさんにはまだ難しいことでした。そこで、ナナさんの口の中に入ったスプーンを引き上げ気味にして、食べ物の取り込み操作を助け、スプーンを口から出すところは担任が行いました。

　さらに上記の出来事から1カ月後に3日間かけて、食べ物の取り込みができるようになり、スプーンを口から出す部分も自分でやるようになりました。その過程で、担任もスプーンを引き出す力加減をナナさんの様子を見ながら微細に調整していきました。ナナさんが口から出すところまでスプーンを保持するようになったので、担任は口から出したところでスプーンから手を離してみました。ナナさんは、最初はスプーンを投げるようにしていましたが、手を離す場所が机に近くなっていくなど、いくつかの段階を経て皿に静かに戻すようになりました。取り込みができるようになって1週間後に一気に起きたことです。口元までは勢いよく持っていくスプーンを口の中に入れようとして口周辺に当たってしまうこともありました。スプーンを戻すようになって1カ月半後には、スプーンを上手に口の中に入れるようになっていました。また、持った瞬間は担任の手がスプーンに添えられていないと手を離していたのですが、上手にスプーンを口の中に入れられるようになった1カ月後には、担任が手を添えなくてもスプーンを持つようになりました。

　このように、ナナさんは大きくいくつかの部分に分けてスプーンの使い方を学び、その操作に習熟していきました。そのひとつの行動が習得されて上手になるのに2〜3日程度、時には1日のうちに起こることもありました。そのことに上達したくて集中して練習している、といったように見えました。担任が予め分かっていて段階に分けて取り組んだわけではありません。ナナさんが区切るのです。例えば口元までスプーンを運ぶのが上手になってくる

表 4-3-1　ナナさんのスプーン操作

スプーンの操作	ナナさんが取り組んだ時期		
ひとりでスプーンを持つ	関わり手の手をたどってスプーンを持つ	→ スプーンを持つ瞬間、関わり手が手を添えていればひとりで持つ	→ 1月になるとひとりで持つ
テーブルから口元まで持って行く	9月26日から3日間で		
スプーンを口の中に入れる	テーブルから口元までは勢いよく口に入れるのは慎重に。口の中に入れようとして頬に当たることも	→ 12月には上手に口の中へ	
食べ物を取り込むスプーンを口から出す	10月24日から3日間で		
テーブルまで戻す	口から出した瞬間に手を離す	→ 10月30日	

と、ナナさんは次は口から出す部分をやるようになりました（表4-3-1）。

　ナナさんのスプーンへの向かい方を見ていると、自分でできることは自分でやろうという気持ち、新しいやり方を発見してやってみようとする気持ちを強く感じました。スプーンの操作が上手になることは、ナナさんの学び過程、調整の過程です。ナナさんがスプーンの使い方、形状、食べ物との関係などを発見していく過程であり、外界との調整の仕方が上手になり自分の世界が広がっていく過程です。だから、楽しくてどんどんやってみるのでしょう。自分で調整する力も考える力も、自ら起こす行動の中で培われることをナナさんのスプーンの事例は教えてくれました。

2）他者との関係性

　食事のスタイルは文化なので、ひとつの形が学習されると他の形を学習するのはなかなかやっかいです。新しいスタイルを紹介し、そのやり方を示す誰かがいなければ、変化は起きにくいかもしれません。ナナさんが食べさせてもらう形式から、自分でスプーンを持って食べるようになったのは、ナナさんにとってその「誰か」が出現したのではないでしょうか。他者との関係性という視点でスプーン操作の過程で起きたことを整理してみます。

①真似する対象としての他者の存在

　最初にスプーンの上にナナさんの手をガイドしたのは担任です。その手を引っ込めるのも、のせたままにしておくのも彼女の気持ち次第です。スプーンに手を添えようとして拒否してきたナナさんは、担任の誘いを受けてスプーンに手を添えて、担任の動きに合わせて一緒に口元までスプーンを運んだのです。こうやって相手の動きに自分（の手）を重ねているうちに、その行動を自分の動きとして起こしました。また、ナナさんは最初は担任の手をたどってスプーンを持ち、かなりの期間、持った瞬間だけはスプーンに担任の手が添えられていることを望みました。新しい世界へ彼女は担任をたどって出かけていったように思うのです。このことはただ、スプーンを持って口元に運ぶだけのことではなく、新しい世界を自分に紹介する者として、そして、自分の世界に取り入れるモデルとして、ナナさんに他者が出現したということではないかと考えます。

②共に行動する者としての他者の存在

　真似をする他者は、共に行動をする相手でもありました。ナナさんは自分ひとりで遂行するには難しい部分については担任に頼ります。担任は手を出すタイミングを考え、支える力を少しずつ減らしたり、スプーンの角度をほんの少し変えたりするなど操作の仕方を微妙に調整して関わりました。気がつくと、担任の手だしは不要になっているのです。2人は相互に自分ができることを相手との関係の中で調整していきました。共同行動として展開したスプーン操作なのです。ナナさんがスプーンの操作に習熟していく過程は、自分ができることは自分でし、自分ができないことは他者の手を借りて生活することを学んでいった過程でもあります。このことは自分でできることと同じように大事なことだと考えています。

③自分の行動を意味づける者としての他者の存在

　さらに自分の行動を意味づける存在として他者の出現です。ナナさんは他

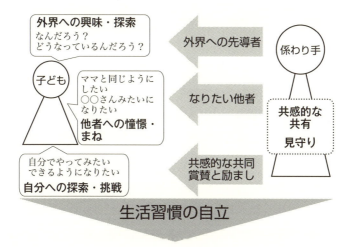

図4-3-2　生活習慣の自立

者との関係性の中で行動を起こしています。ナナさんがスプーンを静かに皿に戻したのを見て担任が「じょうず」「すごい」と大喜びしていると、その日はそれ以降、とても慎重に、意識して皿に戻したように見えました。皿にスプーンを戻したいがためにどんどん食べる、というようにさえ見えました。担任がほめたこと（喜んだこと）を知って、自分の行動に意味づけしたのです。彼女自身の達成感だけではなく、相手からの承認が行動を意味づけ、行動を起こす力になります。ほめられることだけが行動の目的や基準になってはいけないと戒めることはもちろんのことです。

　彼女の手がスプーンを持つ手になったのは、担任を意味のある他人として認めて信頼したことと外へ向かおうとする気持ちの結果です。

＊　　　＊

　スプーンを持つまでにゆっくりと時間をかけたナナさんの姿を通して、また、アキさんが手で食べてそれに悩んだ保育士さんがいたおかげで、スプーンなどの道具を使うためにはたくさんの要素となる行動が必要だということを私たちは学びました。ルイくんがトイレ探索を楽しみ、それに徹底して付き合った学生さんのおかげで、排泄をトイレですることはどういうことかと

私たちは考えることができました。

　アキさんが手で食べることや、ルイくんのトイレ空間での探索行動はどちらも大人にとっては、できれば制止したい行動なのかもしれません。しかし、どちらも視覚障害のある小さな子どもが、外界へ向かって主体的に展開した探索行動です（図4-3-2）。ナナさんがスプーン操作に向かう行動は自分への探索、挑戦の姿です。大人の役割は、生活習慣を確立するために子どもに訓練をするということではなく、こうした主体的な行動を共感的に共有して見守り、励まし、時には共同行動として展開していくことだと成長した彼らの姿が教えてくれました。生活習慣の自立とは、子どもが信頼できる関わり手と共に新たな世界に向かって踏み出すことなのでしょう。

※保育園時代のルイくんが3、4、5歳時の各1年ごとに、福井大学教育学部の3人の学生が1名ずつ定期的に保育園に通い、それぞれルイくんとの関わりを卒業論文としてまとめた。

引用・参考文献 ————————————————————————
1）吉田由美子「視覚障害児の確定域拡大に向けてのこころみ（平成11年度福井大学卒業論文）」、2000年.
2）荒木良子「ノンちゃんがスプーンを持つ」、『全国視覚障害乳幼児の早期教育研究　第2集』全国視覚障害早期教育研究会、2001年、p3-12.

（荒木良子）

第4節　コミュニケーションとことば

1　ことばとコミュニケーション

　ここでは「ことば」と「コミュニケーション」について考えていきます。ことばを広い意味でとらえて、その成り立ちとことばの働きについて確認し、伝え合うことについて考えてみたいと思います。

⑴ ことばの成り立ちを考える

　ことばについて、音声言語にはこだわらず、広くとらえてみます。

　伝えたい事柄を、伝えたい相手に伝えようとするとき、私たちはそのまま事柄を差し出すわけではなく、様々な物やことに置き換えています。

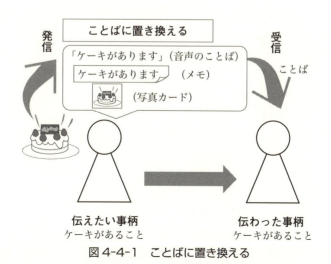

図4-4-1　ことばに置き換える

　例えば、「ケーキがあります」と伝えたいときに、ケーキそのものを掲げて見せるなど置き換えをしない場合もありますが、たいていは音声のことば、メモ、手話、写真カードなどに置き換えます（図4-4-1）。

　ここでは、事柄を伝えようとしたときに使われるものを、置き換えのないものも含めて、すべて「ことば」と定義することにし、事柄とことばの置き換え方から、ことばの成り立ち（図4-4-2）について考えてみたいと思います。

1）置き換えがない：自成的ことば

　まずは置き換えがないものです。話し手がことばとして意図しなくても、ことばの役目を果たしていることばがあります。

　例えば、赤ちゃんの泣き声は、お母さんに空腹や排泄を知らせることばになっています。視線や表情のように無意識に発せられた振る舞いそのものが、ことばの役目をすることもあります。怒っているときと嬉しいときでは、表情や声のトーンも全く違ってくることでしょう。

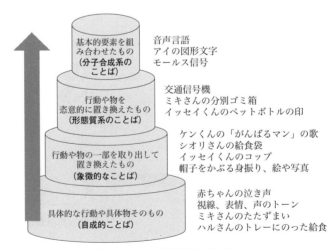

図4-4-2　ことばの成り立ち

　地域の保育園に通うミキさんは、はっきりした色が分かり、太いマジックの線は弁別できる程度の視力です。苦手なケーキが給食に出て、困っていたら、トモくんが「ミキちゃん、ケーキ嫌いなんか？　食べてあげようか？」と声をかけてくれました。ミキさんは「なぜ、トモくんは私がケーキが嫌いって分かったんだろう？」と不思議そうでしたが、彼女は全身のたたずまいで「嫌い」と言っていたのです。

　ハルさんは、ことばの発達がゆっくりです。給食の時間になかなか席に着こうとしないハルさんに、保育士さんは給食のメニューを写真カードにして、「お給食ですよ」という誘いかけのことばとともに提示してみました。ハルさんは写真カードを見ると、嬉々として写真を指して「コップ」「スプーン」「おいも」などと言い始めて、ますます給食のテーブルに着くのが遅くなりました。そこで保育士さんはトレーにのった給食を眼前に提示して、「お給食を食べようか」と言うと、さっと立ち上がりました。誘いかけのことばとしては、具体物そのものが有効だったということです。

　具体物そのものは、置き換えがなく分かりやすい強力なことばです。これを「自成的なことば」と呼ぶことにします[1]。

2）置き換えがある：象徴的なことば

　置き換えがあるものは、置き換え方に特徴があります。最も分かりやすい置き換えは、具体的な物や行動の一部を取り出して、ことばとして使う場合でしょう。

　全盲のシオリさんに給食だよと伝えるときに、スプーンなどが入った袋を示していました。袋に触った途端に、シオリさんはニコニコ顔になっていました。十分にことばを発することがなかったケンくんに音楽室に行こうというときには、音楽室に行くといつもみんなで歌う「がんばるマン」を歌って誘っていました。あちこち寄り道しながらも、音楽室にちゃんとたどり着くケンくんでした。

　車をブーブー（エンジンの音）と言ったり、犬をワンワン（鳴き声）と言う
のも、そのものの特徴の一部をことばとして使っているといえるでしょう。
身振りもことばとして働いています。
　2歳児の先生は、帽子をかぶる身振りを付けて「帽子をかぶろうね」と言
うことでしょう。3歳児の保育参観時に見かけた光景です。先生が「お外に
行きたい人は、帽子をかぶるよ」と言うと、わぁ～と帽子コーナーに走って
行く子どもたちの半数以上は、頭に手を置いていました。帽子をかぶる動作
の一部を取り出して「帽子をかぶろう」と言っているのですね。帽子の絵や
写真も、「帽子」ということばの働きをし、子どもたちが整理しやすいよう
に、片づける場所に写真を貼る工夫も見かけます。
　これらのことばを「象徴的なことば」と呼ぶことにします[1]。

3）恣意的に決めた記号など：形態質系のことば、分子合成系のことば

　もとの物や行動などとは直接に関係なく恣意的に決めた記号などが、こと
ばとして活躍することもあります。例えば、〇×の記号で、行動の可否を伝
えることがあります。〇はよい、×はダメというのは恣意的に決めた記号で、
先の帽子の例のように行動そのものとは何ら関係がありません。他にも恣意
的な約束が便利に使われる例はたくさんあります。
・形態質系のことば
　先のケーキの例で挙げたミキさんの保育園では、ゴミを分別するために色
分けしたゴミ箱を使用してました。色を「燃えるゴミ」「燃えないゴミ」と
いうことばとして使っているわけです。ミキさんがゴミ箱の前で戸惑ってい
たら、リョウヤくんが「ミキちゃん、燃えないゴミは赤だよ」と教えてくれ
ました。

　イッセイくんは全盲の男の子です。11カ月から地域の保育園に通園して
おり、私は盲学校の相談担当者として彼の在籍する保育園を定期的に訪問し
ていました。イッセイくんが単語を3つ以上つないで、たくさんの話ができ

るようになった頃、大好きなお茶を使って、恣意的な記号との対応関係（一対一対応の学習）に取り組んだことがあります。

　水、麦茶、緑茶、ウーロン茶を入れたペットボトルに、それぞれ手触りの違うものを巻き付けてみました。プチプチはお水、何もないのは麦茶、マスキングテープを貼り付けたものは緑茶、というぐあいです。これらのマークは、関わり手がイッセイくんと相談して決めたもので、中の飲み物とは全く関係がありません。これら一定の恣意的な型によることばを、「形態質系のことば」とします[1]。

・分子合成系のことば

　4歳児になれば「帽子をかぶって行きましょう」ということばを聞いて、帽子をかぶる身振りをする子どもはほとんどいないでしょう。ことばだけで行動とつながります。先の色別ごみ箱や○×は、ひとつのもので意味を表していますが、「帽子（ぼうし）」ということばは複数の音の組み合わせです。もとの帽子とは似ても似つかぬものです。5歳児になれば「ぼうし」は、「ぼ・う・し」に分解されて、「ぼう」や「うし」にもなることを発見し、しりとり遊びが全盛になります。このように、要素となるもの、日本語ならば50音を組み合わせてことばをつくりだすわけです。

　基本要素の組み合わせによるものは、ほかにもあります。例えば、チンパンジーのアイが使う図形文字は、9つの要素図形を組み合わせてことばとしています[2]。モールス信号は短点（・）と長点（－）の2つの要素を組み合わせて、文字や数字などを表現します。Aは「・－」、Bは「－・・・」です。これらを「分子合成系のことば」とします[1]。

　私たちはコミュニケーションをするときに、表情のように知らず知らずのうちに発していることばや、もとの物や行動を想起させるような身振りや絵などに置き換えたことばも使い、さらに、恣意的に決めた記号などに置き換えたことばも便利に使っています。そして音や記号など基本要素を組み合わせて膨大な量のことばを紡ぎ出すわけです。これらのことばを総動員して、コミュニケーションしています。

⑵ ことばの働きを考える

　ことばはいろいろな働きをもっています（図4-4-3）。「おちゃ」と言ったときに、お茶がほしいという要求の場合もありますし、お茶があるねという叙述の場合もあるでしょう。

　イッセイくんが単語を1つか2つ並べておしゃべりができるようになった頃、保育士さんからこんな相談を受けました。
　「『おちゃちゃ』と言うのでお茶をあげようと思うのですが、頻繁に『おちゃちゃ』と言うのです。また、『おしっこ』とも言いますが、本当におしっこがしたいようにも見えません。どう対応すればいいでしょうか」
　イッセイくんは、まだたくさんのことばを使いませんが、自分がよく知ることばを発して、保育士さんとことばによるコミュニケーションをしたいと願ったのです。試しに、イッセイくんが「おちゃちゃ」と言ったときに、「そう、おちゃちゃだね」と応じると、「のむ」とことばを返してくれました。「おちゃちゃ　のむの」と2つ単語を並べて返すと、イッセイくんも「おち

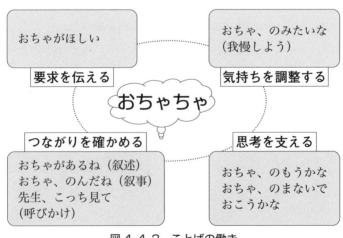

図4-4-3　ことばの働き

ゃちゃ　のむ」と真似します。こうして会話は続きました。

　どうしてもお茶を飲みたいというのではなく、ことばでのやりとりそのものを楽しんでいるように見えました。ほんとうにお茶を飲みたいときと、やりとりがしたいときは、担当の保育士さんならば分かるでしょう。それから、イッセイくんは全盲ですから、保育士さんがどこにいるのかな、僕の声が届くところにいるのかな、僕を見ているのかなと、ことばを発してその応答で確かめていたのです。目が見えるお子さんにとっては視線も大きな力をもつことばになります。離れていても子どもと目が合えば、大人はその視線の意図を読み取り、「見ててね」ならば、微笑んで見返したり、頷いたりします。あるいは「来て！」と誘いや困惑の表情を見て取れば、どうしたの？　と近寄ってきて、遊びに加わったり、困りごとに手をさしのべたりすることでしょう。イッセイくんはことばを発して、やりとりをしたり、呼びかけたりして人とのつながりを確かめていたのです。

　ことばは、気持ちを調整するためにも使われます。お茶をたくさん飲みたいイッセイくんは、おやつの時間に「おちゃちゃ、おちゃちゃ」と言い、「おちゃちゃは後で」と関わり手がことばを返すということが繰り返されます。お茶が飲めなくて、怒ったり泣いたりすることもありませんから、〝お茶をもっと飲みたいけれど、ダメなんだね〟と保育士さんのことばを借りて自分に言い聞かせて、我慢しているように見えます。

　私たちは考えるときにも、もちろんことばを使います。例えば「お茶、どうしようかな、飲もうかな、飲まないでおこうかな」のようにです。

　このようにことばは、要求を伝える、思考を支える、こころを調整する、人とのつながりを確かめるなど様々な働きがあります。

(3) 子どもに伝わることば、子どもが使うことができることば

　こうしたことばやことばの働きをするものを介したコミュニケーションをするときに、発せられることばと受けとめられることばは必ずしも同じだと

は限りません。

　イッセイくんが単語ひとつでお話ししていた頃のこと。保育園での参観を切り上げて帰るために、私はイッセイくんに「バイバイ」とお別れの挨拶をしました。するとイッセイくんは、私の膝にトンと座り、さらに私の足の上に自分の足をのせました。この行動は「まだ、帰らないで」と言っているようでした。イッセイくんは「バイバイ」ということばを聞いて、その意味は分かりましたが、「帰らないで」ということばを発することはまだできずに、相手の膝に座るという具体的な行動をことばとして発したわけです。受信は「バイバイ」という日常によく使われる別れを示す音声のことばで、発信は具体的な行動というわけです。

　バイバイの話よりもう少し後のことです。イッセイくんはトランポリンが楽しくて、給食の時間になってもやめることができません。大好きなジュースで誘おうと「イッセイくん、給食だよ。ジュース飲もう」と声をかけると、「ジュース、飲む」と応じますが、いっこうにトランポリンから降りる様子はありません。そこでジュースを飲むときのコップを示して、「給食だよ、ジュース、飲もう」と言うと、するするとトランポリンから降りてきました。

　音声のことばはイッセイくんの耳に届き、「ジュース　飲む」と自ら発してはいます。こうした応答はオウム返しなどと言われますが、イッセイくんに伝わったことは、ことばでやりとりをしようということであり、イッセイくんは関わり手と同じことばを発して、やりとりをつないだわけです。関わり手が伝えたい事柄とイッセイくんに伝わった事柄が食い違っていたのです。しかし、コップはジュースを想起させ、さらには給食のイメージが浮かんだのか、イッセイくんはランチルームに向かいました。「言えば分かる」と言いますが、真似して言うことはできたとしても、音として聞こえる、文章として聞こえることと、聞こえたことばを行動に置き換えるということは、全く別であると教えてくれた場面でした。

　私たちは意識することなく、子どもが使うことができる、あるいは伝わることばも重ねて発信しています。使うことができるとは、「給食を食べよう」と自分で自分に言うことができるということであり、その結果、「テーブルにつく」という行動につながるということです。ハルさんの場合は給食そのもの、イッセイくんの場合はコップがそうでした。

　保育園や幼稚園の先生方は、音声のことばだけでなく、表情、身振り、時には具体物、絵や写真なども使って話をされます。環境そのものがことばになっている場合もあるでしょう。子どもはどんなことばで、何を伝えようとしているのか、関わり手からのどんなことばが伝わるのか、伝わっていることは何か、伝え合いたい事柄に最も適したことばは何か。見えなかったり見えにくかったりする条件も考え合わせて、子どもたちとコミュニケーションを積み上げていきたいといつも思います。

⑷ 話をしたい人であること

　最後に、ことばの働きで取り上げた「つながりを確かめる」機能についてもう一度取り上げて、検討したいと思います。コミュニケーションを考えるときに、もっとも大切な機能であると考えるからです。

　最初に挙げたイッセイくんの「おちゃちゃ」の件ですが、その前段の話があります。実は、私は保育士さんにこんなお願いをしました。

「全盲のイッセイくんの耳に、音声のことばだけがどんどん入っていくことは避けたい。例えば、目が見える子どもは『登る』『降りる』ということばを、具体的に登ったり、降りたりする姿と結びつけて獲得するけれど、イッセイくんは音だけが入ることになってしまう。できるだけ、具体的な物や行動にことばを付けてください、ことばに行動や具体的な物を対応させてください」

　保育士さんは私の願いをよく受けとめて、イッセイくんと関わっておられました。そういうわけで「おちゃちゃ」のときには、イッセイくんが「おちゃちゃ」と言ったらすぐにお茶を持ってこなければならないと考えたのです

が、どうも不自然だなと悩んで相談をされました。そのときにはことばのもつ様々な働きを説明し、このときの「おちゃちゃ」はどんな働きをしていたのか一緒に考えることで、納得されました。

　あるとき、イッセイくんがテラスから園庭に続く2段の階段の昇降を繰り返している姿を見ました。付き添う保育士さんはニコニコと笑顔で「階段、登ったね」「階段、降りたね」とイッセイくんの行動に丁寧にことばを添えておられました。また別のある日、保育園近くの神社への散歩の道中、「さか、のぼっているね」とイッセイくんが私に話しかけてきました。日頃から、保育士さんがどれほど丁寧にことばをかけておられるかを実感しました。「階段、登ったね／降りたね」というように、いろいろな場面でイッセイくんに声をかけて、彼の世界を共感的に共有している保育士さんは、イッセイくんにとって話をしたい相手であったからこそ、「おちゃちゃ」とことばを発しました。話したいことがあるのではなく、話したい人がいるから、話したいことが生まれるのかもしれません。

　子どもと豊かなコミュニケーションの世界を広げていきたい、そして、子どもにとって話をしたい人でありたいと思います。

引用・参考文献 ─────────────────
1) Umezu, H. (1974). *Formation of verbal behavior of deaf-blind children.* Proceedings of the X X the International Congress of Science Council of Japan. p48-74.
2) 松沢哲朗『想像するちから』岩波書店、2011年.

（荒木良子）

2　絵本と読み聞かせ

(1) 絵本の読み聞かせ

　絵本は、子どもの心を育てる大事なツールです。絵本の読み聞かせは、絵を見ることができない視覚障害児と、読み聞かせをするお母さんとが親子で楽しむ温かいひとときとなります。子どもの笑顔がたくさんこぼれ、それを嬉しそうに見つめるお母さんがいて、周りも皆が心地良さを味わいます。子どもの絵本への興味は奥深い挿絵があってこそと思いがちですが、絵本を広げて大人が読み語りかける心のこもったリズミカルで抑揚のあることばや音声は、視覚障害児の気持ちを強く惹きつけます。

　絵本を読み聞かせるときの子どもへの語りかけでは、スキンシップのぬくもりも伴う中で、子どもが安心して声をあげたり手足の動きを活発化したりします。日常の暮らしの中で、視覚障害児との目と目の合図や表情での交わし合いができないことに寂しさを感ずることもあるという親御さんにとって、絵本は子どもと感動を共有し、コミュニケーションを高める効用が大きく、親子の絆を育むものとなっています。

(2) 絵本と視覚障害児

　絵本にあるお話は、現実から離れた想像の世界に遊んで、人間世界の有り様を学び、感性を養っていきます。絵本のお話が子どもの視点で関心をもちやすい外界の事物や事象で描かれており、厳選された豊かなことばで伝達されていることによって、視覚障害児には、かけがえのない経験になります。それは、視覚的情報の不足をことばで補い、概念やイメージのより豊かな構築への助けとなるからです。視覚障害児には、実物の触覚等による観察や様々な実体験が不可欠ですが、バーバリズム（音声によることばに依存した、適切な観念やイメージの伴わない理解になりがちなこと）を逆手にとって、こと

ばでイメージを膨らませ、本で知ったことを後で体験するという方法も大事だと思います。そこには「おどろいて目を丸くする」「とぼとぼと歩く」など気持ちの表現に付随する見える人の所作や動作も学ぶような、視覚世界の理解を広げる学習もしています。子どもの気持ちの喜怒哀楽、人の心の葛藤等を表す感性を育てながら、視覚障害児には特に貴重な体験が絵本に詰まっています。

　それでは、ことばとともに、子どもに語りかけをしている挿絵はどうでしょうか。松居の絵本づくりの極意が説かれている書に、「絵本の挿絵は全部ことばなのです。（略）文章になっていないことばが、いっぱい挿絵の中にある」[1] との言があります。盲児にとって挿絵への主体的な関与はできませんが、大人はその解説ができます。読み聞かせをする大人は、子どもの代わりにお話が埋め込まれている挿絵からことばを取り出し、十分ではなくとも子どもとの対話でイメージを膨らませていくことができます。それは、見える範囲が極端に限られている弱視児にも必要だと思います。

(3) 視覚障害児のための絵本

　今は魅力溢れる絵本の挿絵を視覚障害児に味わわせたいとの願いから、さわる絵本（112頁参照）や拡大絵本等が作られ、その数が少しずつ増えて身近に利用できるようになってきています。こうした絵本の利用で、視覚障害

図4-4-4　『だんまりこおろぎ』
エリック・カール 作・絵、工藤直子訳
偕成社、1990年

図4-4-5　『スーホの白い馬』
大塚勇三 再話、赤羽末吉 画
福音館書店、1967年

児が絵本にさらに興味を深め、読み聞かせの対話が豊かに広がることは嬉しいことです。

　全盲のケイちゃんは『だんまりこおろぎ』（図4-4-4）の最後の鳴き声に魅了され、文章をすっかり覚えて妹に語るほどです。ミイちゃんも全盲ですが、モンゴル民話『スーホの白い馬』（図4-4-5）を読んでもらって深く感動し、一日うわの空の状態だったなど、幼児期の絵本との出会いは貴重な心の体験になります。

引用・参考文献 ——————————————————————————
1) 藤本朝巳『松居直と絵本づくり』教文館、2017年、p180.
2) 秋田喜代美・増田時枝『絵本で子育て——子どもの育ちを見つめる心理学』岩崎書店、2009年.
3) NPOブックスタート（編著）『ブックスタートがもたらすものに関する研究レポート』NPOブックスタート、2014年.
4) 中野尚彦「触る絵本——触画の発生についての考察と試行」、『群馬大学教育学部紀要 人文・社会科学編』45、1996年、p301-312.
5) 金子健「触る絵本による教育的係わり合い——視覚障害幼児の事例について」、『独立行政法人国立特殊教育研究所研究紀要』29・別刷、2002年.

（猪平眞理）

COLUMN

さわる絵本

　さわる絵本は、視覚障害のある子どものためにボランティアグループなどの協力を得て、挿絵を布や皮革など様々な触素材を貼り付ける等の手立てによって、触って分かる工夫を積み重ね作成されてきました。さらに、点図や立体コピー、樹脂等による凸図印刷による本としても、市販されるようになってきました。視覚障害児にとって、絵を自ら触りたどって、ことばや音声から受けとめることでお話のイメージを拡大し、心に深く感じ取り、喜ぶことができる世界が開かれるのはたいへん嬉しいことです。

　触る絵の世界では、触覚の特性から、まず面の素材、柔らかさ、滑らかさ、温かさ等の感触で心を動かしやすく、幼い子どもほどその心地良い質感で触る動機を得ていきます。

　幼児には、輪郭線のみによって物体の形に意味をもたせすぎず、形態はシンプルで、動く仕掛けがあったり立体的であったりすることが求められます。こうした本の中には、本のポケットに入っている人形やフィギュアで遊べるようにしたり、鳥の羽根を一つ付けて鳥をイメージできるようにしたりする等の手法もあります。

　本のページをたたいたりめくったり、触る素材に爪を立てたりしながら、耳からはお話を聞いて、盲児にも本の世界を楽しむ時期をたっぷり過ごしてほしいと思います。貼り付けられた点字に自然な形で興味をもつ効用もありますが、さわる絵本が積極的に物に手を触れようとする役割の一つになることが期待できます。

　さわる絵本は、幼児だけでなく、視覚障害児にとっては学齢期以降にも触覚的観察力を発揮して触る図鑑として楽しんだり、触る絵や図の学習に活用されたりする、幅広い役割を発揮する教材でもあります。

（猪平眞理）

3　お話遊び

　「お話遊び」は、絵本などを題材にして、子どもたち自身が登場人物の役を演じたり、動作模倣をしたりして、お話の世界を体験的に楽しむ遊びです。視覚に障害のある子どもたちも、その発達と障害に合わせた工夫さえあれば、心はずませながら気持ちやことばをやりとりし、お話の展開を共有し楽しむことができます。その実践をいくつか紹介します。

図4-4-6
『あーといってよあー』
小野寺悦子 文、堀川理万子 絵
福音館書店、2015年

1）「声を出すって楽しいね」

　ヒントの絵本『あーといってよあー』（図4-4-6）

　「あーって楽しいね。一緒にどーぞ」

　「あー」

　「あーって素敵だね。ながーい『あ』だよ。一緒にどーぞ」

　「あーーーー」

　「あーってかわいいね。はねている『あ』だよ。一緒にどーぞ」

　「あ、あ、あ、あ、あ」

　「あー楽しかった。声はあなたの体から出ています」

　たった1音のお話遊びです。いろいろな「あ」をアレンジして優しく語りかけ、子どもたちの「声を出すって楽しいね」の思いを引き出していきます。

図4-4-7
『ぞうくんのさんぽ』
なかのひろたか 作・絵
福音館書店、1977年

2）ぞうくんのさんぽ

　ヒントの絵本『ぞうくんのさんぽ』（図4-4-7）

　「力持ちのぞうくんの背中にかばくんが乗って、そ

図4-4-8
段ボール動物

の上に、わにくんが乗って、その上にかめくんが乗って、みんなで散歩に出かけるのですが、池のそばでドドッと倒れて、最後は池でジャブジャブ水遊び」というお話です。

ここでは量感のある「段ボール動物」（図4-4-8）を登場させます。ぞうさんはとても頑丈な段ボールで作りました。子どもたちも実際に乗ることができます。ぞうさんの背中に乗って、「ドシドシドシ」と動かすと、「ぞうさんは力持ち」が実感できます。

この遊びを体験した後に、お話遊びです。少しずつ小さくはなっていきますが、子どもたちが両手で「よいしょ」と抱えるには十分な大きさのカバとワニを、お話に合わせて子どもたちに次々に乗せてもらいます。最後のカメは、先生に抱き上げてもらわなければ乗せられません。子どもたちはカメを乗せたとき、「随分と高い」と、実感することでしょう。

その後、みんなで段ボール動物を押して散歩します。「さあ池のそばへ来ましたよ」で、クライマックス。「ドドドドー」と倒します。「倒れて池に落ちちゃったけれど、みんなで楽しく水遊びしたんだってさ」で、お話遊びはおしまいです。

散歩して歩くところ、水遊びのところなどに歌を、倒れるところは太鼓などの盛り上げる「音」を入れると、もっと楽しいお話遊びになります。

3）「とんとんとんだれですか」

ヒントの絵本『とんとんとんだれですか』（図4-4-9）

用意するものは大きなドア（図4-4-10）です。

「とんとんとん」と大きなドアを叩くと、中から「誰ですか」と声がかかります。「僕は○○です」と名前を言うと、「はい、どーぞ」とドアが開いて中へ入れます。時には、入ってくるのが「ワンワンワン、犬でーす」と動物だ

図4-4-9
『とんとんとんだれですか』
はやしますみ 作・絵　岩崎書店、2012年

図4-4-10　大きなドア

ったり、「カチカチカチ、カスタネットでーす」と楽器だったりします。

　ドアを開ける役の子どもたちは、「次は何が来るのかな」と「ドキドキワクワク」です。そして、みんなが入ったところで、楽しい手遊びや楽器遊びをしておしまいです。ドアの内と外の役を交代しながら、「とんとんとん」「誰ですか」「○○でーす」「はい、どーぞ」のやりとりの楽しいお話遊びができます。

　ここに紹介している「お話遊び」は、絵本を参考に、それを視覚に障害のある子どもたちも楽しめるようにアレンジしたものです。どれも実際の動作や行動や「音」等でお話の世界のイメージが広がるように、「手がかり」が準備されています。「声を出すって楽しいね」では音の変化の楽しさを、「ぞうくんのさんぽ」は量感のある段ボール動物、「とんとんとんだれですか」では実際に叩いたり開け閉めしたりすることができるドアです。

　どうしたら視覚に障害のある子どもたちも、ワクワクドキドキして、お話遊びのもっている楽しさを実感することができるか、障害の実態に合わせた工夫を柔軟な発想の中で考え出していきたいものです。

（今井理知子）

第5節　手指機能・触覚の世界

1　幼児の遊びと、触ること

　視覚に障害のある子どもたちにとって「触る」は、対象物が何か理解するうえでとても大切な行為です。しかし、「触る」は、「見る」に比べ、主体性が必要です。「見る・見える」は、受け身でも情報として届けられ、しかも総合的で刺激的です。それに比べ「触る」は、情報が部分的ですし、触っただけですべてを理解することは難しい場合がほとんどです。

　そんな「触ること」ですが、小さな子どもたちが、遊びや生活の中で、その他の感覚と組み合わせながら、外界を知る大切な活動として身につけていけるように援助していきたいものです。そして、「触る」から「手で見る」＝「能動触」（手指を能動的に動かすことによって獲得できる触覚的な知覚）へと育て、学童期へつないでいきたいものだと思います。

(1)「あなたの周りにはすてきなことがいっぱい」を知らせていく

1)「おや！　何だろう。触ってみようかな」の心を励ます

　乳児が外の世界へと心を広げていくうえで、視覚の果たす役割は大きいといわれています。見えたものへの興味が、手で触りたいという要求を芽生えさせ、リーチング（対象物に向かって手を伸ばす）が生まれます。「おや！何だろう。触ってみたいな」。幼い心の中に、そんな思いが芽生えるのでしょう。

　視覚に障害があって見ることができない子どもたちでは、どうでしょう。困難はありますが、基本は同じです。視覚的な刺激は受け取れないけれど、

それに代わって、小さな心に届くような働きかけがなされれば、きっと同じように「おや！　何だろう。触ってみたいな」の思いは芽生えます。お母さんの声と一緒に優しく鳴らされるマラカスの音、音が聞こえて、「はい！どーぞ」と触れさせて一緒に握って鳴らしてくれたとき、まだ持つことはできなくとも、外の世界をしっかり感じ、やがて自分から働きかけてみようという思いの芽生えへとつながっていきます。

　乳児期には体全体で外の世界と関わることを大事にしながら、「自分の手」を知っていくための、優しい働きかけを大切にしたいものです。

2）触って楽しめる物を手渡そう

　盲学校の幼稚部には「触って楽しめる物」をたくさん用意したいと思います。それは、外の世界への不安があって、関わりがまだ十分に持てないでいる小さな子どもたちや視覚以外の障害を併せもっている子どもたちに、人や物と関わる楽しさを手渡すための教材です（図4-5-1）。音楽と組み合わせて、不安な子どもたちの気持ちを和らげ、「さあ！　一緒に触りましょう」と誘います。

　布で作ったふわふわボール、手にちょうどなじむ三つ編み紐、乳酸飲料のカラをつないで様々なもの（鈴・米・豆など）を入れた長さの異なるマラカス。スズランテープのシャワー。大きな風で子どもたちを包み込むパラバルーン。歌のイメージに合わせて、歌いながら一緒に触り楽しみます。手になじみやすい形状や触り心地のよいものを工夫し「音楽リズム」の中で「楽しく触る経験」を積んで、広い世界への橋渡しをしたいものです。

図4-5-1　様々な教材

3）幼児期にふさわしい遊びと生活の中で

　幼児期は体幹がしっかりし、手指が操作の自由をどんどん拡大していくときです。ブランコの鎖をしっかり持つ手、滑り台の階段の手すりを持つ手、鉄棒にぶら下がる手などと、楽しい遊びの中で、「自分の体を支える手」を獲得していきます。また、砂や泥や水などの、変化する素材遊びの中で、スコップやじょうろやバケツといった「道具を使う手」も獲得していきます。「子どもは遊びながら育つ」は、視覚に障害のある子どもたちも同じです。一つひとつの遊びの楽しさを仲間や大人と一緒に体験する優しい時間を保障しながら、幼児期にふさわしい楽しい日々を実現することが、「触る世界」の広がりをもたらす、何よりも大切な土台だといえます。

4）生活の中で触る体験を豊かに

　生活しながら「触る機会」を大切に、豊かなイメージを育てていきたいものです。

　衣服や靴の着脱や食事など、生活の主体者となるための生活技術の獲得も「触ること」の世界を広げます。服の前後を触り分ける、靴の左右を触り分けるなど、毎日の生活の流れの中で、失敗しながらも繰り返し体験することで身につけていきたいものです。

　また、買い物から帰ったら、袋から取り出し冷蔵庫に入れる前に、「これは、サツマイモ。これは、ニンジン。これはダイコン。これはリンゴ」と、その感触や形やにおいに、ことばを添えて、一緒に触りたいものです。

　例えば、サツマイモなら、「ごつごつしているね。天ぷらにしたら甘くておいしいよ」。リンゴなら、「いいにおい。デザートに食べようね」。ニンジンなら、「あれ！　これは長いね。今日のカレーに入れて食べよう」「ダイコンとニンジン。ダイコンは大きいね」という感じでしょうか。

　子どもたちが、見て知る生活の中にあるたくさんの物を、視覚に障害のある子どもたちにも、一緒に楽しく触りながら手渡していく、そんな関わりを「教え込む」のではなく、「一緒に楽しむ」感覚で、日常の生活の中に位置づ

けたいものです。そして、それらの経験は、「サツマイモ掘り」といった本物の体験と結びつきながら、より豊かなイメージを子どもたちの中に育てていくことになります。

5）「ことばとともに」一緒に触る世界を共有する

　外に出かければ、たくさんのことに出会えます。自然の中にある花や草や木、地面に落ちた木の実。触ってみれば、様々な表情をしています。

　春の公園を散歩するときに、お母さんは子どもたちに「ほらっ！　チューリップ。赤も黄色もあるよ。きれいだね。こっちはタンポポ。かわいいね」などと、見えている世界を伝えるために話しかけることでしょう。時には、散歩している子犬に出会うこともあるでしょう。そんなとき、ちょっと立ち止まって、それらを子どもたちと一緒に触ってみましょう（図4-5-2）。

「ざらざら」「つるつる」「柔らかい」「かたい」「優しい」「ホワホワ」「あったかい」など触った感じのことばをたくさん思いつきます。こういったことばとともに、子どもたちと触る世界を共有したいものです。

「子どもと一緒に触る」は、私たち援助する大人にも「新しい発見」や「触る世界の豊かさ」を教えてくれます。一緒に「触る」を楽しみながら、動物や壊れやすいものは優しく、大きなものは「部分から全体」「全体から部分」といった「触り方」も知らせていきたいものです。

⑵「手で見る」子どもたち

　いろんな遊びを通して「触る」を豊かに経験した子どもたちは、「触る」から「手で見る」へと力を蓄えていきます。

1）「触る」から「手で見る」へ
── イガ付きの栗

手袋をはめて「チクチクしたトゲがた

図4-5-2　一緒に触ろう

くさんあるね」と話しながら、イガ付きの栗を子どもたちと触りました。その後でイガをむいて、中のとんがりのあるツルツルの栗に触りました。最後はもちろん茹でておいしくいただきました。

　そして、それを粘土と爪楊枝で表現しました。中には本物の栗を入れてあります。「触って分かった」ことをいろんなものを使って再現することで、「栗はこんなふうになっているんだ」と、そのおいしい味とともに、栗全体のイメージを子どもたちはもつことができたのではないかと思います。チクチクは子どもたちに強烈な印象を残したのでしょう。図4-5-3の作品のたくさんの爪楊枝が、そんな子どもたちの気持ちを伝えてくれています。

2)「触る」から表現へ──リモコンを自分で作る

　図4-5-4の作品は、5歳の全盲の女の子が家にあった広告紙を使ってひとりで作ってきたものです。リモコンだというので、どうやって作ったのか聞きました。

「リモコンの形に合わせて紙を折って、同じ大きさにして、ほら、ここにチャンネルのボタンがあるでしょう。ここをテレビに向けて押すと、チャンネルが変わるんだよ」と、教えてくれました。「なるほど、すごい！」。手に触る出っ張りの部分が紙を丸めて貼り付けてあるし、電波を出すための先端部分もしっかり表現されています。

　観察的に「手で見て」全体をとらえ、とらえたものを工夫して表現し、それを楽しむ姿の中に、学童期への確かな力を感じる作品です。

図4-5-3　作品「栗」

図4-5-4　作品「リモコン」

3)「触る」をつなげる
── 鯉のぼりを知る

こどもの日が近づくと、あちこちで鯉のぼりが空で泳ぎだします。「屋根より高い鯉のぼり　大きい真鯉はお父さん　小さい緋鯉は子どもたち　面白そうに泳いでる」（文部省唱歌）。子どもたちは、「こいのぼ

図4-5-5　泳ぐ鯉のぼりに触る

り」の歌を元気に歌います。視覚障害の子どもたちにも、空で泳ぐ鯉のぼりをイメージしながらこの歌を歌ってほしいと思います。次に紹介するのは、そんな思いの盲学校幼稚部の5歳児クラスでの実践です。

○5歳児クラス「鯉のぼりを知る」

まず、室内で鯉のぼりに触ります。「布でできているねー。長い形。これは大きなお魚の形だね。お父さん鯉なんだよ」と触った後、園庭に出ます。そして、ポールにつけた鯉のぼりのしっぽを子どもたちが持ちます。「じゃ、鯉のぼりをお空に上げるよ」。ポールのひもを引っ張ると鯉のぼりがどんどん上がっていきます。そして、子どもたちの手が万歳して、それでも上がり続け、やがて鯉のぼりは手から離れていきます。「お空へ上がったよ」と子どもたちに伝え、「屋根より高い鯉のぼり」のイメージをつくっていきます。

そんな体験をしながら「泳いでいる」も、伝えます。大型扇風機で口から風を送るのです。子どもたちの手の中で鯉のぼりは、風をはらんで優雅に泳いでくれます。そのふんわり感を味わいながら、「こんなふうに、鯉のぼりは風に吹かれて面白そうに泳いでいるんだよ」と、歌の最後のフレーズのイメージを伝えます（図4-5-5）。

* 　　 *

「触り分かった」ことをつなげて、ひとつのイメージを自分のものにしていくことは、まだ小さな子どもたちには少し難しいことかもしれません。しか

し、小さいときから、その発達段階に合わせて、「触り分かった」と思える楽しい経験を豊かに積んでいくことで、やがて「手で見る」意識的触察＝「能動触」へとつながり、部分を統合して一つのイメージをつくっていく力を蓄えていきます。そして、この「触り分かったことをつなげて」つくられたイメージは、その後の認識や体験の広がりの中で書き換えられ、より正確な外界理解へとつながっていくのだと思います。

引用・参考文献 ——————————————————————————
1) 牟田口辰己「第4章　触覚の能動性」および猪平眞理「第8章　乳幼児期における支援」、香川邦生（編著）『五訂版　視覚障害教育に携わる方のために』慶應義塾大学出版会、2016年、p116、p224-259.
2) 今井理知子「第3章　豊かな外界とかかわる楽しさいっぱいの保育をめざして——障害のある子どもたちにも幼児期にふさわしい生活を」、越野和之・青木通忠（編）『特別支援学校と障害児教育の専門性』クリエイツかもがわ、2006年、p118-139.

（今井理知子）

2　造形遊びと触ること

　造形遊びは、表現する力や豊かな感性を養うことがねらいとなる活動ですが、視覚障害児にとっては手指の機能の向上を豊富に得られる側面をもっています。視覚障害のある乳幼児がこの領域で様々な素材に出会い、感触を味わいながら、触知覚の拡大と深化、また、物の形態を認識してイメージを広げていく経験をまとめてみます。

(1) 素材から

1）身体中で砂遊び、泥遊び

　自然の素材では馴染みやすい砂や泥ですが、視覚障害児には感触を嫌って手を出さない子どももいます。水を含ませると形が作りやすく、お団子、おにぎり作りやカップで型抜きなどができます。

　砂や泥遊びは、水遊びから誘うとスムーズです。ミニバケツで運んだ水や、時にはホースを使った放水で砂場やその周辺を泥田にして、身体全体で砂や泥に親しませ、触り心地の変化を味わわせます。シャベル等の道具も使い、山やトンネルづくり（図4-5-6）など、開放感のある大きな遊びに発展します。

2）紙はちぎることから

　視覚障害児の興味をひく「ビリビリ」「バリバリ」という音の面白さとともに、手先を使って大きな紙をだんだん細かな紙片にちぎっていきます。紙吹雪にしたりお風呂のお湯に見立てたりして、遊びを広げます。新聞紙は格好の素材ですが、指の力が育ってい

図4-5-6　砂場でトンネルづくり

ない子どもには、ティッシュペーパーやトイレットペーパーなども扱いやすい材料です。

3）粘土を使って

粘土には、小麦粉粘土、油粘土、プラスティック粘土などたくさんの種類があります。どれも、こねたりころがしたりちぎったりでき、心地よい感触を得ながら手指を自在に動かす作業が生まれます。家や電車、さらに人の形も作ろ

図4-5-7　粘土で電車づくり

うとする意欲から、その形態を学ぶ活動になります（図4-5-7）。時にはクッキー作りの型抜器を使って、抜いた形と抜けた後をたどって、形体の輪郭への関心を持たせる遊びにもなります。

小学6年生の全盲のRさんが「私は粘土でいろんなものを作るのが大好きです。（中略）私は目が見えないので、自分の心を絵にすることはうまくできません。その代わりに自分の心を粘土で作ることで、私は粘土という『絵』を描いています。……」と書いた作文を見ました[1]。彼女は幼稚部時代から物によく触り、造形活動が得意でした。

4）空き箱や紙筒、容器など立体を生かして

手で触る世界は、物体を立体としてとらえることが容易です。視覚障害児の造形物の活動で、各種の空き箱や容器などの立体物を利用すると取り組みやすくなります。ビルディングづくりで箱を重ねて高さを競ったり、電車には膨らみのあるシールで窓を表したり、丸い筒や飲料容器では中に入れる素材を変えての楽器づくりなども面白いものです。また、視覚障害のある子どもたちの造形には、様々な触感の紙や布、テープ類等々の素材で肌理の表現に関心をもたせていきます。

5）折り紙など操作の容易な紙素材から

　平面である紙から形を作るには、丸めたり、折ったり、巻いたり、切ったりします。特に折り紙は、子どもの手指操作に適した扱いやすいサイズです。視覚を使わなくとも、指先の感触で角を合わせたり、外側の折り山のほうを手がかりにして折ったりする簡易な方法で、容れ物や花などを器用に作り上げます。やっこさん作りなどは人の形状を理解する機会になります。平面の図形と立体物、その相互の形態の変化など、年長児には紙遊びで体験を積んでほしいところです。

　学童期の学習には、盲児が理解できにくい三次元の立体を二次元で表す図の世界が待っています。

⑵ 用具や教具から

1）はさみの使い方

　導入期の工夫としては、切る物の位置が分かりやすく、ある程度の硬さがあって切り心地が指に伝わることが求められると思います。適当な材料としては、ストローがあります。ストローを持つ手にはさみを沿わせて切ると、両手の協応がはかりやすいでしょう。一回切り（一回で切り落とす）を繰り返した後、切り落としたストローはひも通しの材料になります。

　また、折り紙を四つにたたんで、ある程度の硬さにすると切りやすく、切り紙として遊べます。折り山の先を切って開けば真ん中に四角の穴ができたり、四隅の切り込みで花びらの形になったり、切り紙は盲児にとって図形への興味をそそられる遊びです。

2）セロハンテープは接着にも素材にも

　手元の作業に扱いやすさを必要とする視覚障害児の造形活動になくてはならないのが、接着剤です。セロハンテープは、立体物や紙、ビニール、発泡材料でも瞬時に接合できるのでメリットが大きいものです。年長組盲児の作品で、人の髪の毛の一本一本や手指や胴体全体までセロハンテープを材料に

して1mほどにもなる人体（見える者には透明人間）や、駅のホームと線路さらに枕木まで作ったものがありました。イメージを形に表現する格好の素材になった例でした。

(3) 触って描く絵

　盲児にとって描画は平面的な表現であるため、取り組みにくい分野ですが、物の形を手や指の触知覚で把握したり、形や図のイメージを確かな力にするためには有効な手段です。

　しかし、盲幼児はクレヨンや鉛筆などの用具に親しむ機会がほとんどないため、それらを持ち慣れることから始めます。筆記具を「トントン　シュッシュ」と音遊びと共に紙に打ち付けたり、でたらめ描きをしたりして楽しむのですが、盲児が描画を楽しむには描く線を手指でたどり、把握できる必要があります。その道具として、盲学校では古くから薄い金網を敷いて作った網版を用いてきました。また、片段ボール紙等を用紙の下に敷いたりもします。描く線を凸状に盛り上げて、触って分かる線にする工夫です。こうして描く線が腕や手指に伝わる運動感覚としてもとらえられるようにすると、描線による形態表現の理解の助けになります。そこには、手指が受ける軽い振動の心地よさも加わるため、筆記具使用の楽しい練習にもなっています。

　盲児の描画を発展させるためには、表面作図器（レーズライター）やシリコンラバーなどの教具を活用することになります。ここに掲載した作品は、

図4-5-8　ライオンの絵

図4-5-9　カエルと傘をさす人

この教具を使用して描いたものです。年長組の盲児（女児）のたてがみや怖そうに吠える大きな口が描かれたライオンの絵（図4-5-8）と、小1盲児（男児）のカエルと傘をさす人、その傘には雨があたっている様子を描いた絵（図4-5-9）です。

　盲児の描画表現では、晴眼児の発達と同じような順序性が確認されていますが[2]、この2枚の触画においても頭に浮かぶイメージを図式的に表していることが分かります。ただ、表面作図器での描画には筆記具のボールペンを版上のフィルム用紙に強くあてねばならず、そのためにもう一方の手指の力まで要することもあり、今でも幼児期の使いにくさとして指摘されるところです。

引用・参考文献 ─────────────────────────────
1）猪平眞理「盲学校幼稚部における指導法の工夫──造形あそびの領域で」、文部省『季刊 特殊教育』No.56、東洋館出版社、1988年、p12-17.
2）西村陽平『手で見るかたち』白水社、1995年、p173-174.
3）小泉昭男「全盲のえりちゃんの絵に頭足人がでてきた」、美術教育を進める会（編）『人格の形成と美術教育3　障害児の美術教育』あゆみ出版、1991年、p174-185.
4）小柳恭治『触覚の世界』光生館、1978年、p161-164.

（猪平眞理）

第6節　弱視幼児の視覚活用の促進

1　視覚活用をはかる環境づくりと支援

　見えにくさのある（弱視の）子どもが、保有する視覚を最大に活用し、見る力の向上をはかるには、発達段階に応じた適切な環境を整えることが必要です。それにあわせて理解言語やことばの概念を習得していく中で、姿勢、身体づくりや生活動作の獲得に向けた活動にも取り組んでいくことが求められます。

(1) 視覚活用を促進していくための環境づくり

　見えにくい子どもが視覚を積極的に活用できるようにするには、日常の生活の中で見ることに興味をもち、対象物を見つけ、それが何かが分かりしっかり見る援助をしていくことが必要です。そのためには、乳幼児期から見やすさへの配慮として、用具や遊具・玩具などはコントラストの違いで図と地を明確にし、認識のしやすい色合いにするなどの環境づくりが必要です。また子どもにとって押すと音が鳴る・光るなど因果関係が分かり、興味を示して繰り返し遊べる玩具等が身近にあることも大切です。

　室内においては、家具の配置を考慮し、コーナーカバーを付けるなどの安全への注意や、自分の席などが触って分かるシンボルマークも使用して動きやすさにもつなげていきます。こうした中で視覚の活用の促進をはかります。

　シンボルマークには、色や形、素材の違い、鈴やチャイム音などを利用します。身近な環境への働きかけは、大人が一緒にいて名称や関わり方を丁寧に伝えていくことで、見て触って確かめて分かる状況ができていきます。

　生活場面においては、食卓や机上であれば、滑り止め用の色の濃いマットや縁のある色つきのトレー等を活用することで、子どもが探すエリアが限定され、提示されたものを見つけやすくなります。食べたり絵本を見たり絵を描いたりする際、見やすい視距離を維持するためにも、さらにより良い姿勢づくりの一助としても、机上や椅子など用途別に滑り止めマットが活用できます。また、書見台も姿勢づくりには欠かせませんが、マグネットシートを活用すると、マグネットタイプの教材が使えるようになります。

⑵　視覚活用を促すための支援で大切なこと

1）視覚以外の感覚を使って

　視覚以外の感覚としては、触覚、嗅覚、前庭感覚・固有感覚等の体内感覚などが挙げられますが、乳幼児期から様々な活動を通してそれぞれの力の向上をはかることが必要です。

　弱視児の場合は、視覚を活用していく中で、手元をよく見る経験が重要です。また、草花や飲食店などのいろいろなにおいに気づき関心を持ったり、ブランコや滑り台などで身体を動かして遊びのおもしろさを知り、動きを習得したりする体験の積み重ねの中で、見る意欲も養われます。これらは日常の様々な場面で身近な大人とともに、子どもたちの興味や関心を広げていけるようにすることが大切です。

2）視覚活用の促進のために

①見やすい位置を探す

　押したり、振ったり、回したりする手指の操作で、色鮮やかな光の点滅や色模様の変化があったり、音が変わったりするおもちゃを身近な大人と一緒に楽しく遊ぶような経験は、視覚活用の促進につながります。このように遊具・玩具を見る遊びでは、眼の疾病にもよりますが見やすい位置を探すことが必要です。指標となるものを眼前で動かしながら、「○○どこかな？」と探すことを促し、提示したり机上に広げたカードを見つけたりする活動の中

で、その子の気づきやすい位置を見つけられる場合もあります。

　見えにくい子どもは、眼球の動きが整っていないことも多いので、ことばと共に眼球の動きを引き出していく働きかけを繰り返し行っていくことも大切です。用いるものとしては、本人の好きなキャラクター人形や色のはっきりした縞々ボールなども有効です。テレビも見やすい位置まで近づいて視聴することにより、視覚活用を促していくことができます。

　またボールやおもちゃの車など動いている物で遊ぶときは、つい立てなどでエリアを区切ったり、机上を単色の濃い色にして玩具が引き立つようにコントラストや見続けるための見やすさに配慮した環境づくりをする中で繰り返し関わっていくことが有効です。

②手指の活用

　手指は、生活の中にも多く使われます。子どもには、食事、衣服の着脱、トイレの場面などで、動きと手順を具体的に伝えていくことが必要です。支援は、子どもの背後から同じ筋感覚が伝わる位置から行うと分かりやすいです。手指の動きは、視覚活用とともに生活動作の基盤を支えます。また、見続けることや動作ができるようになることで、一人でできたことに自信がもてるようになり、自己有能感を高めていくことができます。

　手指の使用を高める手作り遊具のひとつとして、ふたに穴をあけたプラスチック容器があります。最初はふたに一つ穴を用意し、スーパーボールや色つきのビー玉や大小の棒をつまんで穴に入れるようにします。穴の大きさの大小で、ゆるかったり、きつめだったり、玉や棒を入れるときの指先の力の入れ方の違いを設定できます。

　ボールや棒をつまんで取る動きを生かして、身体の正中線を越えた活動を行う中で、ボタンなど生活動作の練習にもなります。さらにこの遊びを、つかみやすいコインにして、プラスチック容器のふたの穴に縦横の切れ目を入れると、手首の回内・回外等の動きの練習ができます。新聞紙を丸めたりちぎったりする動作も、手先の力の入れ方が分かる動きです。

③動きを通して視覚を活用する

　子どもの視覚は様々に興味関心を広げ、運動能力、認知・コミュニケーション能力の向上等に絡み合って活用がはかられていきます。特に、遊びや日常生活の中で身体や身体運動のイメージを向上させる取り組みを積極的に行い、動きを通して視覚を活用していく視点をしっかり持つことが大切です。

　身体のイメージを向上させる活動には、電話帳等を色ガムテープ等でアレンジした手作りのステップボードや色タッチシートなどがあります。

　ステップボードは、上に子どもが立ち、ボード上の中心に戻る動きを入れ、「右、戻る左、戻る！」など指導者の声かけに従って前後左右に移動することで、ボディイメージや空間認知の力も視覚活用と共に培われる活動です。

　色タッチシートは、机上に4〜8色程度の色シートを置き、「右手で赤！左手で黄色！」などの声かけに、子どもが言われた色に手でタッチする遊びです。子どもが椅子に座りながら、色シートを探す活動と共に身体の正中線を越えた大きな動きを習得できる活動です。

3）他の障害をもつ子どもへの支援

　視覚だけでなく肢体不自由など他の障害をもつ子どもは、生活リズムを整えるとともに、大人の支援を受けながら身体を動かしたり、一緒に提示された物や遊具で手指を使ったりする経験を積んでいくことが視覚活用の促進につながります。

①姿勢の整えの工夫

　視覚をスムーズに活用できるようになる取り組みのスタートとしては、リラックスできる空間の中で、身体の部位を伝えながら身体全体をしっかりなぞる活動を行います。次にこれから行う活動を分かりやすいことばで伝え、期待感を引き出します。

　大人とのやりとりを通して覚醒水準を高めて、座位や側臥位等の姿勢で頭部を自由に動かせるように、クッションなどを利用して、姿勢を整えて活動

することが必要です。姿勢の整えは、呼吸の安定にもつながります。

②光る物を使って、気づきを促す工夫

　室内を暗くして光る物に気づきやすい環境をつくったり、好きなキャラクターを指標として用いたりします。眼球の動きに合わせて「どこかな？　あ、今見つけたね！」等のことばをかけながら、気づきを促すことが大切です。

　押すと光や音が奏でられる玩具などで、光に気づきじっと見続けたり、左右にゆっくり指標を動かして眼球の動きを促したりする活動も考えられます。大人と一緒に持って遊べる大きさの光る物を用意したり、提示する際に背景に気が散らないように、つい立てを活用するなど、周囲の環境を整えることも必要です。

③見ていないと思われる子どもの対応についての工夫

　子どもの一人ひとりの実態は違いますが、ａ：視力測定が難しい、ｂ：視線を外すので見る意欲が乏しいと思われる、ｃ：光る物を提示すると目をつぶってしまう、などの場合があります。それぞれの行動の背景を考えていく中で、対応策が見つかることも多くあります。

　ａの視力測定が難しい場合は、縞の幅の異なる縞々うちわや白黒のドット柄の手袋を作り、眼前でゆっくり動かして視線を向けて、見つけることへの志向性を高めた取り組みをしたところ、有効でした。眼科で行うテラーアキュイティカードの検査で縞模様に視線を向けやすくなりました。

　ｂの視線を外すので見る意欲が乏しいと思われる場合は、好きなおやつへの強い関心を活用して、見ることへの反応を向上させました。好物のプリンやポテトチップスなどのにおいや袋を振る音を感じ取らせながら、眼前近くで好物を提示したりしていく中で、見続ける行為が高められました。

　他に「今日のおやつはプリンかな？」のことばかけとともに、実物大のプリンの写真をじっと見て、発声や表情で応えられるようになった子どももいます。食べ物も含めて、「好きな物」は大切なキーワードとなります。

　医療機関の場ではこのような支援は難しいため、診察の際に日常生活や学校の中で、目を使っている様子の映像を持参して伝えることも大切な情報提供となります。

　ｃの光る物を提示すると目をつぶってしまうのは、見えにくさに強いまぶしさを伴っていることも考えられます。そういう子は、昼間には目をつぶっていることも多く、薄暗い廊下や夕方などでは目を開けていることが確認できたりします。そうであれば、遮光眼鏡や背後からの照明を活用することで見る活動が可能になることもあります。

　子どもの見え方の特徴や身体の状況を細かく把握しておくことの必要性は大きいものです。

　また、屈折異常を有する障害の重い子どもの場合では眼鏡の作成についてもあきらめないことが大切です。子どもの見え方にもよりますが、視覚を活用してコミュニケーションがはかれるようになったり、生き生きと毎日を過ごせるようになったりする例が多いからです。

4）医療機関で楽しく検査を受けられるように

　最後に、医療機関で楽しく検査を受けることができるようにと、考え出した活動を紹介します。

・「ドーナッツ食べたの誰？」……ボードの中央に切れ目のあるドーナッツ型の絵カードを置き、四方に身近な人や動物の絵を並べて、食べた人や動物を当てる遊び。
・「ぴったんこ」……書見台に貼ってあるランドルト環の切れ目に、手持ちのランドルト環を合わせる遊び。
・「シルエットクイズ」……シートに動物や魚のシルエットを貼り、同じシルエットの絵を見つける遊び。
・「形合わせ」……三角・四角・丸などの描いてある台紙に、同じ木型を合わせる遊び。

　市販されている色や形や大きさの違うマグネット等を利用すると、遊びの
レパートリーが広がります。

　しっかり見て関わるための視距離の保持には、姿勢の安定への配慮も挙げ
られます。座る椅子に滑り止めや腰まわりが安定する低反発クッションなど
補助的用具を使用すると、良い姿勢を保ちやすくなります。

引用・参考文献 ─────────────────────────────

1）全国盲学校長会『視覚障害教育入門Q＆A』ジアーズ教育新社、2000年.
2）五十嵐信敬『視覚障害幼児の発達と指導』コレール社、1996年.
3）大川原潔ほか『視力の弱い子どもの理解と支援』教育出版、1996年.
4）築島謙次・石田みさ子『ロービジョンケアマニュアル』南江堂、2002年.
5）本郷一夫・長崎勉（編）『特別支援教育における臨床発達心理学的アプローチ』ミネル
　　ヴァ書房、2006年.
6）木村順『気になる子の育て方』成美堂出版、2011年.
7）杉山利恵子・森栄子・高木弥生「身体意識能力と視覚活用を高めていくための取り組
　　み」、全国視覚障害早期教育研究会『視覚障害乳幼児の早期教育研究』第12集、2011年、
　　p13-32.

（杉山利恵子・森　栄子）

2　早期からの視覚活用を促す関わりの例

　筆者は、盲学校で「目の相談」の担当者として、たくさんの視覚障害児に出会いました。その中で生後2カ月から関わりのあったYくんの事例をもとに、早期からの視覚活用を促す関わり方について考えます。

(1) Yくんの育ちに寄り添った関わりから

1）2カ月：「見たい」気持ちを育てる

　Yくんは生後2カ月で初めて目の相談にやってきました。

　試しに鼻先が触れ合うくらいに近くであやすと、笑顔を見せてくれます。5cmの距離でおもちゃを左右に動かすと、まだぎこちない動きではありますが、首を回して、そちらを向こうとしていることが分かりました。

　「関わるときにはいつもこの距離でやってみましょう。特に顔をよく見せてあげてください。人と関わる楽しさをまずはたくさん経験させることが大切です。よく見えてくるまでに時間がかかるので、動きはゆっくり、近くてオーバーな表情で関わってみてください。お願いします」と話しました。

　見えにくい赤ちゃんでも顔が触れ合うほど近くで関わることで、身近な人との感覚の共有の心地よさを味わいながら、環境の中から見たいものをとらえようとし始めます。初めて相談に来たときに、「近づくとよいことがある」ことを赤ちゃんもご両親も実感できるように関わるようにしています。

　それから3カ月後には、ご両親が用意した色のはっきりした大好きなぬいぐるみにしっかりと視線を向けるようになっていました。顔の下のほうをぐっと伸ばすように力を入れて目を見開き、目の揺れを少なくする方法もこの頃から使い始めていました。生後5カ月までの間に「よく見るといいこと、楽しいことがある」ということをご両親の温かい関わりの中で着実に学んでいることが分かりました。

２）８カ月：眼鏡をしっかり活用

　８カ月のときに強い遠視があることが分かり、眼鏡をかけることになりました。Ｙくんは眼鏡があまり好きではなく、初めて眼鏡を持って相談室に来たお母さんは、眼鏡をかけさせることに少し自信を失っていました。

　眼鏡をかけたＹくんは、よく見るといつもより目が揺れていて、なんだか困ったような様子でした。興味のありそうなおもちゃで絶え間なく働きかけると、しばらくの間眼鏡をかけたままでいられました。遊んでいるうちに目の揺れが小さくなり、すっきりした表情になって、見える感じが分かってきたようでした。

　「眼鏡をかけると見え方が違うことは分かっているようですよ。時間にゆとりがあるときに、眼鏡をはずそうと手がかかる前に、できるだけ興味を引いてしつこいくらいに遊んであげましょう。少しずつ長くかけていられるように忍耐強く頑張ってください」とアドバイスしました。

　その後、２週間くらいで、目の使い方はとても上手になりました。視線を上手に移動して、おもちゃの操作の仕方を覚え、得意そうにご両親に視線を向ける様子も見られるようになってきました（図4-6-1）。お風呂と寝ているとき以外はずっと眼鏡をかけ続けていられるようになるまでには、1年近くの時間が必要でしたが、1歳になる前には、注視（よく見ること）から、注視点の移行（見たいものに次々に視線を移すこと）ができるようになってきていました。

図4-6-1　眼鏡で鏡を覗き込むＹくん

　「まだまだ視線の移動がゆっくりで、はっきり見えてくるまでに時間もかかるので、見てほしいところに注意をしっかり引くようにして、ゆっくりやってみせてあげてください」とお願いしました。

3）1歳以降：「分かりたい」という気持ちの促進

　1歳を過ぎたＹくんはお父さんが大好きで、お父さんとよく遊びます。お父さんもＹくんのマイブームをよく知っていて、興味のある物や注意を引くことばかけなどを上手に使ってくれていました。その中で、似ている物と違う物を見分けたり、似ている物や同じ

図4-6-2　全体の形をとらえる

部分をもつ物にくくり（概念）があったりすることを学んでいきました。「分かりたい」という気持ちが強くなると、目を近づけ、手に持ったおもちゃを器用に回して全体の形をとらえようとします（図4-6-2）。そのうち「ぱくっ」と口にくわえました。よく見ていると、複雑な形の物や、布のような形の変わりやすい物を口に入れていることが分かりました。目では情報が足りないところを手や口で補っているのでしょう。ご両親にもそのことを理解していただき、Ｙくんのしている行動を危険のない限りすぐに禁止しないで見守るようにお願いしました。

4）1歳半以降：「見て分かる」力の育成へ

　興味が広がってくると、見たい物が止まっている物ばかりではなくなります。Ｙくんも、動きがゆっくりの物は追いかけて見ていられるようになりましたが、速いと見失ってしまいます。玉が転がるおもちゃは横からは動きが見えますが、自分で操作しようとすると、動く様子は見ていられません。

　動く物を見続けるには、しっかりした姿勢や、手や目の使い方のバランスが上手になることが必要です。お母さんと一緒に、見えている物、見えていない物を見極め、おもちゃの速さや角度に注意したり、うまくいくようにさりげなく手を貸したりしながら、同じ遊びに何度も付き合いました。

　2歳近くになると、Ｙくんは図形に興味を持ち始めました。お絵かきに誘うと乗ってきました。まだ自分で図形を描くことはできませんが、「ぐるぐ

る～。なが～い」と動きに擬音をつけると、同じように手を動かしてくれます。Yくんはこのときすでに「○」「×」など形を見分けることはできていて驚いたのですが、文字や物の形を写し取って絵が描けるようになるためには、「運動の結果として形を見る」ことが求められます。そこで、お母さんにも擬音をつけてお絵かき遊びをしてもらうようにしました。

　ここから就学までの間に「見て分かる力」をできるだけ育てていきます。

⑵ 早期からの関わりを通じて

　生まれてから2歳になるまでの間、弱視の赤ちゃんの変化はゆっくりでも、実は複雑で重要です。ところが、赤ちゃん自身はことばで自分のことを伝えられないので、何が起こっているかが周りの大人にはとても分かりにくいのです。

　赤ちゃんがどうしてそうするのか、今どんな状況にあるのか、次に何をすればいいのか、ご両親と一緒に赤ちゃんを観察し、赤ちゃんのことば（気持ちや行動の意味）を時には代弁し、理由を説明したり、必要な働きかけを提案したりしてきました。こうして赤ちゃんとご両親をつなぎ、次の一歩が踏み出せるように関わっていくことで、早期に視覚活用を促すことができると考えています。

（髙橋奈美）

成長したYくん

3　追視、注視を促すためのPC、モニター画面を活用した活動例

(1) 幼稚部での幼児の実態

　ある年度の盲学校幼稚部には、3歳女児1名、4歳男児1名、5歳男児1名、計3名の弱視幼児が在籍していました。3名とも視覚活用の状態はもちろん、意欲、興味・関心、社会性等について、同年齢の幼児の一般的な発達段階に至っていないところがありました。

　見えにくさが要因となり、これらのことに影響が出ていると考えられましたが、特に、「見る意欲」の不足や注視が持続しないことは、幼稚部での活動上の大きな課題でした。また、友達の見ている物への関心が低いことから、友達と同じ物を見て、共有したり、感動したりした経験が不足していると考えられました。

(2) 活動のねらいと提示方法

　幼稚部では以前から、友達と一緒に「見る、考える、分かる」姿を目指して、PCやモニター画面等を使った小集団活動に取り組んでいました。注視、追視、注視点の移動、細部までよく見ることや予測して見ること等の視覚活用の獲得や向上をねらいとした活動です（表4-6-1）。

　幼児に共通して関心が高かった「テレビゲーム」の要素を取り入れ、モニターで提示する視対象を点滅・移動・消滅させたり、効果音を付けたりする工夫を取り入れた教材をPCで作成し、活用しました。この3名の活動では、まずは、興味をもって、注目して対象物を見るための教材が必要であると考えました。

　次に、年長児を中心としていたそれまでの活動と教材を3名の実態に合わせて再構成した、2つの活動について紹介します。

表4-6-1　活動名と活動内容一覧

活動名	ねらい	題材	表示方法、順	媒体
① 「おいかけろ！ グーチョキパー」 「ほしをおいかけて グーチョキパー」	注視、追視	イラスト	イラストの移動→変化	プロジェクター
② 「わたしのおうちは どこでしょう？」	注視、追視	アニメ・ゲーム キャラクター	キャラクターの移動→消滅	プロジェクター
③ 「パックマンは 何を食べた でしょうか？」	注視、追視	写真	9個の食べ物を画面に配置 パックマンの移動 →食べ物消滅	50inch 電子黒板
④ 「あてっこパズル 9（きゅー）！」	注視、 注視点の移動、 予測して見る	写真	画面9分割（背景に写真） 写真番号順にカードがめくれ て一部分が現れる→隠れる	50inch 電子黒板
⑤ 「めいたんてい！ かくれているのは な〜んだ!?」	注視、 追視、 予測して見る	写真	黒地に写真が隠れている →のぞき穴移動	50inch 電子黒板 7inch 液晶モニター
⑥ 「あてっこパズル ゴー！ゴー！」	注視、 注視点の移動、 追視、 予測して見る、 視経験の拡大	広D式弱視 幼児用形体概 念学習カード	画面4分割（背景に絵） 1回目：線画提示 2回目：着色画提示→正解確認、 アニメーション提示、具体物 触察、解体、試食、動作化	23inch 液晶モニター

⑶ 活動の実際

1）「めいたんてい！　かくれているのは な〜んだ!?」（図4-6-3）

ねらい：「注視」「追視」「予測して見る」

　ごっこ遊びが大好きな幼児が興味をもって見ることができるように、探偵が単眼鏡を使ってこっそりのぞいている様子をイメージして教材を作りました。モニターの黒い画面の背景に実物の写真が隠れており、丸いのぞき穴が移動することによって、隠れているものが少しずつ見えるようになっています。

　用いる写真は、背景が整理され、ピントの合ったものを使うよう留意しました。物の形の特徴的な部分をのぞくときは、移動のスピードをゆっくりにしたり、のぞき穴の大きさを変えたりするなど、じっくりと見ることや注意

図4-6-3　「めいたんてい！
かくれているのはな〜んだ!?」

図4-6-4
「あてっこパズル　ゴー！ゴー！」

して見ることを促す工夫をしました。活動の合いことばも入れたことで、見ることへの意欲が高まり、幼児同士で自分の考えや発見を伝え合うようになりました。

2）「あてっこパズル ゴー！　ゴー！」（図4-6-4）
ねらい：「注視」「注視点の移動」「追視」「予測して見る」「視経験の拡大」

　上述の活動で、隠れているものを見て当てることに慣れてきたため、「数字の順番に見る」というルールの理解や、注視点の移動も促したいと考えました。

　そこで、モニターの画面を大きく4分割して番号を付け、背景に絵を隠しました。数字の順に1枚ずつカードがめくれ、その絵の一部分が現れては隠れるのを見て、背景に隠れている絵が何かを当てます。併せて、この活動専用の場所を準備したり、始まりの音楽を設定したりするなどの工夫をしました。

　子どもたちは、活動への注意やワクワクした気持ちをもち続けながら、細部をよく見たり、次を予測して視点を素早く移したりするようになりました。

　また、絵の題材は、物の形や特徴をよりはっきりととらえられるように、「広D式弱視幼児用形体概念学習カード」を使用しました。1回目は線のみで描かれている元の絵を、2回目は着色した絵を提示して、物を特徴づける

要素を段階的に提示しました。子どもたちは、理由を言いながら正解を予想し合います。正解が出た後に、絵の実物を見たり、触ったり、動きを体験したりして確かめる場を設けたことで、物の形や特徴についての理解が深まりました。

＊　　　＊

　幼児一人ひとりの発達段階や視覚活用の実態によって、年度ごとに小集団の実態も変化します。特にこの年度の指導においては、「意欲・関心」をもつことと、視覚活用を促すことの両面について工夫することが必要でした。

　幼児の関心が高いＰＣや液晶モニターの活用によって、「面白そうだな」という期待感と見ることへの意欲が高まり、注視や追視の力が育ちました。また、視対象を提示する際に範囲を限定して示すことは、見ることへの集中や細部への注目を促すうえで効果的でした。題材を厳選し、データ化して使用したことで、アレンジが可能となり、幼児の実態や変容に合わせて教材を工夫することもできました。

　見ることを楽しむ環境を整え、友達と同じ視対象を共有する活動を設定することにより、幼児の「よく見る」「なんだろう？」「分かった！　面白い！」という体験を積み重ねることができた取り組みです。

引用・参考文献

1）香川邦生『五訂版　視覚障害教育に携わる方のために』慶應義塾大学出版会、2016年.
2）五十嵐信敬『視覚障害幼児の発達と指導』コレール社、1993年.
3）広島大学視覚障害心理研究室（作成）「広Ｄ式弱視幼児用形体概念学習カード」
4）全国視覚障害早期教育研究会「視覚障害乳幼児の早期教育研究」第15集、2015年.

（中村素子・坂本由起子）

4　ぬり絵を通しての弱視幼児の指導例

　弱視幼児は「描く」ことに興味をもちにくい傾向がありますが、幼児の興味・関心を引き出しつつ、楽しく絵が描けるような支援として、ぬり絵があります。ぬり絵は、弱視幼児にとって物の形を把握しやすく、絵の仕上がりを楽しめるものです。また、目の使い方や目と手の協応能力の向上など、弱視児の視覚の有効な活用をはかる取り組みにもなります。

　以下は、ぬり絵活動を幼児がいきいきと意欲を発揮して取り組めるようにするための工夫と配慮点です。

(1) ぬり絵の図柄の選択について

　見やすさのみでなく、個々の幼児が興味をもてるようにするためには、次の①～⑤に配慮します。

　　①シンプルな形（○△□など）

　　②幼児の好きなアニメキャラクター

　　③日常生活で出会うもの（くだもの、野菜、ケーキ、ハンバーガーなど）

　　④馴染みの深い動物、植物（クマ、犬、チューリップなど）

　　⑤乗り物（電車、自動車、新幹線など）

(2) 図柄への工夫

　個々の幼児の見え方や発達に合わせるために選んだ図柄の工夫として、次の①～④を挙げます。

①適切な大きさ

　対象児の手の動き方に適合するようにする。

　個々の見え方に合わせて、全体や部分が把握しやすいようにする。

図4-6-5　単純化（左）、着色見本（右）

②単純化

　幼児の好きなキャラクターには、細かな線や複雑な体の動きを表しているものがあるので、それを簡略化し単純な線で表し、ノイズとなるような背景や表現を消します（図4-6-5の左）。

③輪郭線の明確化

　ぬり絵の導入時には、0.5 ～ 1cm程度の輪郭線が安心できるようです（図4-6-6）。線の幅が広いので、はみ出すことへの不安が減ります。幼児の様子を見ながら徐々に線を細くしていきます。

　さらに立体コピーを使用して輪郭線を凸にする方法を取り入れると、はみ出しを恐れずに塗ることができます（図4-6-7）。

④色づけによる誘導

　通常、ぬり絵の背景は白ですが、弱視児には眩しさを感じたり、あるいは色塗りに意欲がもてない場合があったりするので、背景の色づけは有効です。また、背景を黒塗りにすると、はみ出しへの気づかいを軽減できます（図4

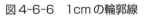

図4-6-6　1cmの輪郭線

図4-6-7
立体コピーによる輪郭線

-6-5の右）。着色の見本として一部を塗っておくと、子どもの意欲を誘うものとなります。

　こうしたぬり絵の用具にはクレヨン、サインペン、絵の具など様々な種類があります。個々の幼児の使い勝手の良いものや、興味・関心に応じて選択してほしいと思います。

引用・参考文献 ─────────
1）高見節子・金本りせ子・川越真美・佐藤知洋・白倉明美・久田まり子・中川洋子・村山由紀・猪平眞理「ぬり絵を通しての 弱視幼児の指導」、『弱視教育』40(1) 、2002 年．

（中野由紀ほか）

第7節　保育の環境構成と、遊具・玩具の工夫

1　幼稚部保育室の環境構成

「情報障害」ともいわれる視覚障害のある子どもたちは、視覚障害のない子どもたちが視覚から得ている多くの情報を、視覚以外の聴覚や触覚、あるいは嗅覚・味覚といった他の感覚から得る必要があります。特に空間の理解では、探索を通して理解を深めていきます。そのため、子どもたちが安心して活動できて、探索しやすいよう、シンプルに構成された保育室の整備が重要です。

　筆者の所属する筑波大学附属視覚特別支援学校幼稚部の設備は、校舎全体の建物の構造に大きな制約を受けてはいますが、保育環境構成への配慮はこれまで本校で長く営まれてきた保育活動の中で培われ、調整され、生かされてきました。先の保育室の改修では、さらにパーキンス盲学校の文献も参考にして整備にあたっています。

　ここではこの保育室の環境構成を紹介します。

(1) 整理された環境

　幼稚部の保育室には、ままごとコーナー、玩具コーナー、運動遊具コーナー、絵本コーナー、楽器コーナー、製作コーナーなどがあり、コーナーごとに色や触覚で識別できるような表示をすることで、

図4-7-1　ままごとコーナー

探索をしやすいように配慮しています（図4-7-1）。

⑵ 収納場所は固定

　遊具・玩具類の収納場所は固定し、遊びたい物を自分で取りに行けるようにしています。活動によって遊具・玩具などを移動する際には、子どもと一緒に動かしています。

　玩具の棚には、積み木、型はめ、ビーズ通し、ブロック、乗り物玩具などを決まった場所に置いています（図4-7-2）。

⑶ 色彩に配慮した表示

　保育室のドアは、子どもの目の高さに合わせた低いところに、壁の白とコントラストのはっきりした赤と青の色のシートを貼り、幼稚部の部屋であることと2つの部屋のドアを区別できるようにしています（図4-7-3　＊カバー折り返し参照）。

　また、日々の幼稚部の生活で使用する道具や遊具・玩具の色遣いは鮮やかな色調で、壁の色などからも際立つ、見てとらえやすいものを選び配置しています。日常的によく使用するゴミ箱やティッシュボックスは、縞模様などにし、見つけやすいようにしています（図4-7-4）。

図4-7-2　玩具の棚

図4-7-3　識別しやすいよう配慮したドア

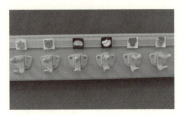

図4-7-4　縞模様の
ゴミ箱とティッシュボックス

図4-7-5
触って確認できるタオルかけ

⑷ 触って分かりやすい表示

入り口

　ゴム製のシートの表示は青色のザラザラした素材のシートで、青色の部屋のほうには木製のチャイムを吊り下げ、音で判断できるようにしています。

子どもの印（図4-7-5）

　鞄かけ、タオルかけ、靴箱、着替えのかごなどに、個人名を確認できる大きな文字の名前シール、点字シールや立体シールを貼り、自分のものを見て、触って確認できるようにしています。立体シールは、ボタンやマジックテープ等手芸用品を活用し、色使いと併せた配慮をしています。

図4-7-6　床のライン

図4-7-7　壁面カレンダー

ゴム製ライン、ガムテープの活用（図4-7-6）

　歌や手遊びの活動では、椅子を並べる際に床に黒いゴム製のラインやガムテープを貼り、それに沿って椅子を並べています。どこにどのように並べるかを、子どもが見て、触って確かめることができるような配慮です。

壁面カレンダー（図4-7-7）

　曜日や天気などを示す1週間のカレンダーは、布で作成し、大きな文字や絵が布で描かれていて、見やすく触って確かめることができるカードになっています。これは子どもの目線や手の届く位置を考慮して低い位置、さらに子どもの動線にも配慮して入り口近くの壁面に掲示しています。

　このような自ら探索しやすい環境の中で、子どもたちは主体的・意欲的に遊びを楽しんでいます。

引用・参考文献 ────────────
1）高見節子「視覚に障害のある子どもの保育──幼児期に大切にしたいこと」、筑波大学附属視覚特別支援学校視覚障害教育ブックレット編集委員会（編集）『視覚障害ブックレット1学期 vol.34』、2017年、p18-23.

（高見節子）

2　遊具・玩具の活用の目的と主な種類

　遊具・玩具（※）は、子どもの心や身体の発達に大きな役割を果たします。それは、視覚に障害のある子どもにとっても同様ですが、特に外界への関心が不足しがちな視覚に障害のある子どもには、事物への興味を誘発し、遊びを導き、発展させていくためにより重要な媒体となっています。視覚に障害のある子どもの場合、遊びの中で積極的に手指を使うように働きかけたり見る意欲を育んだりするために、子どもが興味を持ち、手を伸ばしてそれに関わろうとする玩具が身近にあることはとても大切です。

> ※遊具とは、遊びのために使用する道具。玩具も遊具のなかに入るが、
> 手に持って遊べる大きさのものを玩具、おもちゃという。

　しかし、このような遊具や玩具も一方的に子どもに与えるだけでは、健全な育成や指導の目的を達することはできません。保護者や保育者など信頼を寄せる大人が共に十分楽しく関わり、さらに育ち合う仲間と喜びを共感したりしてこそ、成果が期待できるものです。

　視覚に障害のある子どもの指導に役立つ遊具・玩具を選択するにあたっては、次のような観点が大切です。

○遊具・玩具の選択の際の留意点

・操作したことが音やメロディー、触って把握できること。

・色使いが明瞭であること。

・動きが緩やかであること。

・移動範囲が大きくないこと。

・音声があること。

・触覚的な手がかりや振動があること。

・絵や文字が大きく、明瞭であること

　また、玩具の指導の目的には、次に挙げるような項目があり、こうした観点から遊具・玩具を考察しつつ紹介したいと思います。ただし、遊具・玩具はひとつの観点を有した物ではなく、多様な要素を併せて持っています。

(1) 手指の操作能力、注視・追視を促す

「カラコロツリー」（図4-7-8）

　色の異なる葉っぱの形をした板の上を、ビー玉が上から順番に落ちていきます。板の色のグラデーションがそのまま音の変化になっています。素材が木製であるため、木のやさしい響きを楽しむことができます。ビー玉を1つずつ落としたり、連続して落としたりと、遊び方を変化させることができます。ビー玉よりも大きな木の玉で遊ぶこともできます。

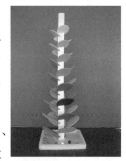

図4-7-8
カラコロツリー

シロフォン付き玉の塔（図4-7-9）

　小さな玉をつまむ際は、二指対向という「親指と人差し指を輪にして」物をつまむ作業を行います。玉が確実に穴の上に来たときに離し、玉を穴に入れます。落ちていく玉が鉄琴の階段を転がるとき、美しい音色が出ます。転がっていく玉を目で追うことで、注視・追視を誘います。最後に自分の予想通りに音がすることで期待がかなえられ満足し、もう一度やりたいと意欲をもつことができます。1回に落とす玉の量や間のとり方によって、響きやリズムも様々です。転がっていく玉を指や大きな玉で止め、次々に玉を入れながら溜まった玉を一度に転がすなど、遊び方の工夫ができる玩具です。

図4-7-9　シロフォン付き玉の塔

⑵ 目と手の協応、両手の協応を促す

図4-7-10　積み木

積み木（図4-7-10）

　積み木は、十分な量と適当な重量、つまみやすい形と正確で一定した基尺で作られているものが良いようです。角はシャープなほうが、「形」を明瞭に肌で感じることができます。

　積み木遊びは、積み木を積んでは崩す遊びを何度も楽しむことから始まります。積んだり、並べたり、見立て遊びをすることで、構成力・空想力・思考力・集中力などが遊びながら育まれていきます。積木をつなげて線路に見立て、友達とやりとりをしながら遊びを発展させていきます。

ジャイアントビーズ（図4-7-11）

　カラフルでいろいろな色や形をした大きなビーズのひも通しです。ひもは太めで、初歩のひも通しです。ひもの先にテープを巻き、持ちやすく、入れやすいように配慮をしています。初期の段階は、通しやすいよう薄く平たいビーズを使い、通った確認のため触って確かめることを働きかけます。

⑶ 身体の動きを誘う

乗り物玩具（図4-7-12）

　ミニチュアカーより大きいサイズです。光が点滅し、前後に発進する操作ボタンが付いています。スイッチのボタンの色や位置で、操作の種類を判別できます。車の動きを音と光によって追いかけることができます。街で活躍する車のミニチュアとして、細部まで確認することができます。

図4-7-11
ジャイアントビーズ

図4-7-12
乗り物玩具

図4-7-13
チビッコマイクーペ

足こぎの自動車「チビッコマイクーペ」（図4-7-13）

本物そっくりの足けりの乗用玩具です。角のない丸い形で安全で、鮮やかな色なので、見てとらえやすいです。足運びにより、好きな方向に変換でき、方向感覚が養われます。

(4) 形態・数の理解を促す

「シェープス＆カラーズ」（図4-7-14）

形と色が異なる棒さしです。三角形、正方形、円形、楕円形、花形、星型、五角形など10種類の形と5色のカラフルなビーズを形や色で分類して棒にさしていきます。色や形、量や数への気づきが育まれます。

「ポストボックス」（図4-7-15）

代表的な型はめ遊びです。4種類の型があり、4つの色それぞれが4個ず

図4-7-14
シェープス＆カラーズ

図4-7-15　ポストボックス

図4-7-16　ミニチュア人形　　　　図4-7-17　せいかつ図鑑カード

つ揃っているので、繰り返し入れることができます。電車ごっこの切符に見立てて型を入れて遊んでいます。

(5) 触察・点字への関心を誘う

「アンパンマンミュージアム」（図4-7-16）

アニメのキャラクター「アンパンマン」シリーズのミニチュアの人形です。触ってそれぞれのキャラクターのかたちの特徴をつかみ、判別しながらごっこ遊びを楽しみます。

(6) 文字・図柄への関心を誘う

「せいかつ図鑑カード」（図4-7-17）

たべものカード、くだもの・やさいカード、のりものカードです。イラストの絵が見やすく、どれも子どもたちの生活の身近にあるものなので、関心を持ちやすいものです。

　保育の現場で活用している遊具・玩具を主たる目的別に分類したのが、表4-7-1です。

　以上は、様々ある遊具・玩具の中から代表的なものを取り上げました。参考にしていただければ幸いです。

表4-7-1　活用の目的と遊具・玩具の分類

手指の操作能力、追視・注視を促す	目と手の協応、両手の協応を促す	身体の動きを誘う	形態・数の理解を促す	触察・点字への関心を誘う	文字・図柄への関心を誘う
《音や光が出る玩具》 ・さらさらシンフォニー ・星のキラキラタワー ・まわしてクルクルサウンド ・アンパンマンマジカルボンゴ 《振動するぬいぐるみ》 ・ゴマちゃん ・おいかけっこアンパンマン 《運転ごっこ》 ・エキサイトドライブ 《動きと音を楽しむ》 ・くるくるチャイム ・大きな玉のクーゲルバーン ・カラコロツリー ・シロフォン付き玉の塔 ・ジャンピングカートレイン ・トレインスロープ ・レインボーメーカー 《キーボード》 ・光ナビゲーションキーボード 《ジャンケンゲーム》 ・アンパンマンぽんぽんジャンケンカプセル	・ゆらりんタワー ・ノックアウトボール ・かずの木（玉さし） ・積み木 《オルゴール》 ・引っ張るオルゴール ・手回しオルゴール ・森のメロディーカー （手で動かすオルゴール） 《ピースあそび》 ・ピースでパッチング ・ジャイアントピース ・ボタンピース 《ひも通し》 ・りんごのひも通し ・チーズのひも通し 《重ねて遊ぶ》 ・ビルディングカップ 《モザイク遊び》 ・リモーザ 《チェーンつなぎ》 ・チェーンMIX 《まるごと遊び》 ・まるごとトントン（木） ・黒ひげ危機一髪	《ボール》 ・オーボールベーシック ・ソフトプラボール鈴入り ・鈴入りサッカーボール ・鈴入りバレーボール ・ギムニクボール 《音の出る乗り物玩具》 ・パトロールカー ・救急車、消防車 ・バス ・おしゃべり新幹線 《音の出る棒》 ・ミュージックバトン 《音の出るプレート》 ・ウォールトレミファレート 《乗用玩具》 ・木馬 ・コンビカー ・エコカー ・電導バイク ・足こぎの自動車 ・三輪車 ・補助付自転車	《ブロック》 ・はじめてのブロック ・型はめボックス ・ポストボックス 《棒さし》 ・シェープス＆カラーズ 《マグネットの玩具》 ・マグ・フォーマー ・缶入りマグネット 《シリコンの玩具》 ・シリリス 《パズル》 ・8種パズルらんど ・エンドレスパズル	・アンパンマンミュージアム ・ねじっこ ・感触マッチングサイコロボード ・さわる絵本 ・さわる絵本「これ、なあに？」 ・絵本「さわるめいろ」	・せいかつ図鑑カード ・赤ちゃんにおくる絵本 ・ビックトランプ ・大型カルタ ・さわる絵本

155

引用・参考文献 ————————————————————————

1) 猪平眞理ほか「弱視乳幼児の教具に関する考察——遊具・玩具の活用のための遊具・玩具リスト」、『弱視教育』39⑵、2001 年、p15-21.

2) 高見節子「幼稚部における保育環境——玩具の構成と遊びを中心に」、筑波大学附属視覚特別支援学校 視覚障害教育ブックレット編集委員会（編集）『視覚障害ブックレット』3 学期号（06）3 号、2006 年、p6-14.

（高見節子）

3　手作り遊具・玩具の特性と紹介

　視覚に障害のある子どもは、指先を目として使用し、触覚や聴覚など他の感覚を用いながら、物と関わり、認知能力を培っていきます。そのためには、遊具・玩具などを触ったり握ったりする活動を通して、触感覚を高め、触運動をコントロールして触空間を形成していく基礎・基本の力を育てていくことになります。

　また、視覚を活用できる弱視といわれている子どもの見え方は一律ではなく、保有する視力の程度、見える範囲、見え方等が個々に違うため、眼疾患や視覚の活用状況を細かく把握します。そして、外界にある人や物に気づき視線を向け、じっと見たり、追視したりするなどの見る活動を通して、視機能を高めます。さらに目と手の協応動作も高めていくなかで、視空間を認知できるようにしていきます。

　遊具・玩具を使っての活動は、このような様々な力を育てていくために必要であり、日常の生活の中で子どもが意欲的に物や人との関わりを広げるためになくてはならないものです。

(1) 手作り遊具・玩具について

1) 手作りの利点

　手作りの遊具・玩具は、身近にある材料を生かしながら手作りするものと、市販のものを一部活用し、必要なものを加えて作成し遊具・玩具として使うものがあります。双方の利点は、子どもの今の状況に必要なものや使いやすさなどを考慮しながら、遊具・玩具や教材を作成できることです。

　手作りの遊具・玩具や教材を準備するには、材料探しから始まります。子どもにとって見やすく、関わりやすく、持ちやすく、操作しやすい大きさや形や素材を個々の状況に合わせて考えることが必要です。

　また、触ったり握ったり、動かしたりすることで音や振動などがあると関

わりやすく、自発的な動きにつながります。

2）玩具と姿勢との関係

　特に肢体不自由のある子どもが玩具で上肢を使って遊ぶためには、安定した姿勢を保持できる空間が必要です。乳幼児の場合はU字型クッションで両脇と背面を安定させたり、大人が一緒に背面から手を添えて援助したりしていきます。そのとき、子ども自身の身体の動きを引き出すように導いていきます。ことばで遊具・玩具や状況の説明をしながら、上肢を一緒に伸ばしたり、曲げたりする動きを行ったり、しましまうちわや好きなキャラクター付きの指標で眼球の動きを引き出しながら、子どもが目でとらえ、眼球が動いていることをしっかり伝えることが大事です。前面に鏡があると子どもの目の動きを確認しやすいと思います。

　また、机が用意できれば両肘を机上に置いて、上肢を動かしやすくします。足底や腰がしっかり付くように、椅子に足置きや滑り止めを付けたり低反発のクッション等を使用することで、姿勢が安定します。子どもが、よく見てもっと関わろうとすると前屈みになりやすいので、姿勢を保持して接近視できる書見台の活用もお勧めします。

　さらに玩具を固定することや、提示する位置、分かりやすいことばがけなどに配慮することも大切です。

3）動きの発達をみながら、玩具や遊具を考える

　子どもの外界への興味の広がり方をみていると、まず、身体に接するようなごく近い場所に存在するものに気づき、次に、手を伸ばして届く範囲にある物や人に関心を示していきます。そして、寝返りやはいはい等の自らの身体の動きを通して、さらに広い空間に存在する物や人に気づいていく過程を経ていきます。そのため、子どもが今、実際にどの段階の関わりが求められるのかをしっかり把握しておくことも必要です。

　また、子どもの実態を知る手立てとして、できたときの嬉しそうな表情は

もちろん、できなかったときの様子が次のヒントになったりします。遊具・玩具に向かう子どもの表情や動き、視線の向き、手指の動き、発することば等々、子どもが対象に向かい合う姿を知り、そこから次のやりとりに生かしていくことが大切です。視覚障害のある子どもたちが、遊具・玩具に自ら関わっていく環境を設定するには、発達的な視点を持つことが、経験の拡大・拡充につながります。

⑵ 発達段階を加味した見やすく関わりやすい玩具

１）触運動の統制を高めていく玩具

　触覚と視覚の結びつきを目指すような感覚統合の側面から考えた場合、その発達を促すために玩具を活用することが有効です。特に触り心地の良さや振動を感じられるなどの玩具は、能動的な手の探索活動を導く手指の動きを育てることができます。

２）手指の分化をはかっていくことを目的とした玩具

　手指の発達には、叩く、握る、つまむ、押す、引っ張る、回す、はめる、なぞる、積む等の動作を通して、手指の運動の分化をはかっていくことが必要です。

①音の出るおもちゃ

　つかみやすい鈴、持ちやすいマラカス、叩きやすいタンバリン、押すと音と共に光るキーボード、適度な大きさの太鼓、鈴入りボール、握りやすいガラガラ等があります。

②台所用品や生活用品を活用したおもちゃ

　日常にある身の回りのものをおもちゃとして活用できます。その例を以下に挙げます。

・製氷皿に、小さな四角い積み木やフェルトなどを入れて、つまむ。

・カラフルなプラスチックやステンレスのボウルをひっくり返して、手で叩く。

・ラップの芯にスカーフなどを入れて、それを引っ張る。

・ラップの芯や空のペットボトルに豆などをつまんで入れ、音を出して遊ぶ。

・広口瓶に色鮮やかな積み木などを入れて、そこからつまみ出す。

・プラスチック容器の枠につけた洗濯ばさみを握り、引っ張り取る。

・おもちゃのクリップやいろいろな形状の洗濯ばさみをプラスチック容器に付けたり、取ったりして遊ぶ。

・つまむ・握る等のおもちゃになるものとして、料理用ボウルに入れた豆やマカロニなどをつかんだりすくったりする。感触遊び（口に入れないように注意しながら）にもなります。

・大小様々なボールをかごや箱に入れて、出したり入れたり、時につかんで投げたりする。前面に段ボールで作成したつい立てを置くとボールが戻ってきます。

・冷蔵庫のドアや壁面を利用したマグネット遊び。マグネットにキャラクターなどのシールを貼っておくと、遊びが広がります。

　感触遊びや物の出し入れで遊ぶときは、空き容器やかごを置いておくと遊びが発展します。事前準備としては、ボウルやかごが動かないように滑り止めで固定しておくとよいでしょう。

　３）両手の協応を高めることを目的とした玩具

　左右の手の分業で遊ぶ玩具には、次のようなものがあります。

・積み木並べ、積み木積み：大小の牛乳パックを活用。

・ペグボード、リング差し：ラップの芯を切ったり貼り付けたりして使う。

・ひも通し、ひも外し：ひもは太くし、先端をテープで固めておく。

・ねじ回し：木製のねじを並べて固定しておく、など。

⑶ 手作り遊具・玩具の紹介

　上記で解説したものも含めて、手作り遊具・玩具の実例を用途別に写真で紹介します。

しましまうちわ

しましまマグネット

万能つい立て

選んではずせるリボン絵本

手作り絵本：食べ物編

手作り絵本：洋服編

お片付け箱

ピカピカ色板

いろいろコイン

ガラガラ積み木

引っ張ってビーズ

ぶら下がりおもちゃ

洗濯ばさみいろいろ

輪ゴムとり

お米つぎ

ラップの芯の輪さし

線たどり

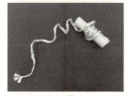

ひも巻き

ねじ回し

長さ・高さくらべ

星のパズル

つかまり立ち台

ブランコ用安全椅子

段ボールトンネル

しましま飛び石

1）主に視覚活用のための玩具・遊具

「しましまうちわ」「しましまマグネット」「万能つい立て」「選んではずせるリボン絵本」「手作り絵本：食べ物編」「手作り絵本：洋服編」「お片付け箱」「ピカピカ色板」「いろいろコイン」など。

2）主に目と手を使う玩具・遊具

「ガラガラ積み木」「引っ張ってビーズ」「ぶら下がりおもちゃ」「洗濯ばさみいろいろ」「輪ゴムとり」「お米つぎ」「ラップの芯の輪さし」「線たどり」「ひも巻き」「ねじ回し」「長さ・高さくらべ」「星のパズル」など。

3）簡単な手作り遊具の例

「つかまり立ち台」「ブランコ用安全椅子」「段ボールトンネル」「しましま飛び石」など。

引用・参考文献 —————————————————————————————————
1) 木村順『保育者が知っておきたい発達が気になる子の感覚統合』学研、2014 年
2) 全国視覚障害早期教育研究会（編）ＤＶＤ「見る意欲を育む教材の紹介」、『視覚障害
　乳幼児の早期からの視覚活用への支援　Ⅱ』、2013 年.

（杉山利恵子・森　栄子）

補章　就学に向けて

教育の場

　視覚障害のある児童が視覚障害に対応する専門の教育を受ける場としては視覚特別支援学校（盲学校）と小学校に設置された弱視特別支援学級や弱視通級指導学級があります。また、小学校の通常の学級に在籍する児童もおり、そうした場合には支援員が加配されたり、視覚特別支援学校の外部支援等によるサービスを受けたりしています。

　このほか、他の障害を併せ有するために障害種の異なる特別支援学校で教育を受けるケースや、居住する地域のそれぞれの教育支援の状況等にも応じて、就学先は多様になっています。

視覚障害のある子どもの就学の規準

　障害のある子どもの就学先は、平成25年の学校教育法施行令の一部改正により、就学先の決定は新たな仕組みで行われています。

　就学規準となる障害の程度は、視覚障害の場合は学校教育法施行令22条の3の表で示された規定、「両眼の視力がおおむね0.3未満のもの又は視力以外の視機能障害が高度のもののうち、拡大鏡等の使用によっても通常の文字、図形等の視覚による認識が不可能又は著しく困難な程度のもの」（※視力は矯正視力）となっています。これは、視覚特別支援学校に就学するため

の必要条件ですが、該当者には就学先決定の総合的判断を導く規準のひとつ
となります。

　弱視特別支援学級の対象としては、「拡大鏡等の使用によっても通常の文
字、図形等の視覚による認識が困難な程度のもの」、また、弱視通級指導学
級では、「拡大鏡等の使用によっても通常の文字、図形等の視覚による認識
が困難な程度の者で、通常の学級での学習におおむね参加でき、一部特別な
指導を必要とするもの」と、文部科学省の規準が通知されています（25文科
初第756号）。

視覚特別支援学校と弱視特別支援学級等

　視覚特別支援学校は各都道府県にありますが、その半数程度が県に1校で、
県庁所在地近辺に設置されています。そこには通学保障のため、ほとんどの
学校に寄宿舎が併設されています。

　弱視特別支援学級は、すでに設置されている学級に通う場合と就学予定先
の小学校に開設される場合があります。弱視通級指導学級は、通常の学級に
在籍しながら視覚障害に応じた指導を受けます。通学している学校に通級指
導学級がある場合（自校通級）と弱視通級学級が設置されている学校へ通う
場合（他校通級）があります。弱視特別支援学級および通級指導学級につい
ては、自治体によって設置される基準等が異なるため、各教育委員会に確認
する必要があります。

　このほか、通常の学級に在籍し、配慮を受けつつ教育指導を受けることも
あります。

就学先の検討

　就学先決定までの流れについては、図1のようになっています。

①障害の把握と就学先の情報収集

　視覚障害のある乳幼児の保護者には、医療機関への受診による視覚障害の

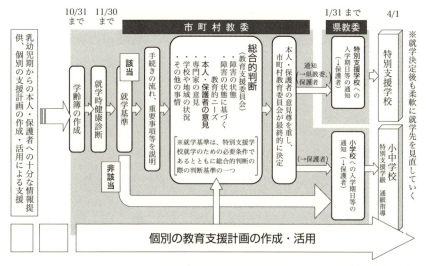

市町村教委　　　　　　　　　　　　　　　　　　　県教委

乳幼児期からの本人・保護者への十分な情報提供、個別の支援計画の作成・活用による支援

学齢簿の作成

就学時健康診断

該当

就学基準

非該当

手続きの流れ、重要事項等を説明

総合的判断（教育支援委員会）
・障害の状態
・障害の状態に基づく教育的ニーズ
・本人・保護者の意見
・専門家の意見
・学校や地域の状況
・その他の事情

※就学基準は、特別支援学校就学のための必要条件であるとともに総合的判断の際の判断基準の一つ

本人・保護者の意見を重し、市町村教育委員会が最終的に決定

通知
→県教委、保護者

特別支援学校への入学期日等の通知
（→保護者）

特別支援学校

小学校への入学期日等の通知
（→保護者）
（↓保護者）

（→保護者）

小中学校
特別支援学級　通級指導

※就学決定後も柔軟に就学先を見直していく

個別の教育支援計画の作成・活用

出典：文献２より。

図１　障害のある児童生徒の就学先決定について（手続きの流れ）

状況についての把握に次いで、早期からの教育的対応や相談を受けることが大切です。その専門的相談機関は主として視覚特別支援学校ですが、ここで幼稚部や育児教室等の教育支援を受けたり、地域によっては視覚障害関係の福祉機関等にある療育支援に通ったりすることなどを通して、障害の状況と就学先についての十分な情報の提供を得られるようにしていきます。

　また、認定こども園や幼稚園、保育所、あるいは通園施設等に通園している幼児などに対する相談には、地域の総合的な教育相談機関もありますが、視覚特別支援学校への来校による相談支援が、地域の視覚障害専門の教育センターとして大きな役割を果たしています。ここでは、外部支援活動として教員が保育機関を訪問したり、県内のサテライト支援会場等で相談に応じたりもしています。ほかに大学等で行う視覚障害の専門的支援や相談を受けることもあります。

　他方、ほとんどの学校（特別支援学校や弱視学級を含め）では、学校公開や見学会、あるいは体験入学等を実施しています。そこに参加することによっ

て、学校内の施設・設備の説明だけでなく、授業の方法や子どもたちの学校生活を知ることができます。

②市町村教育委員会の総合的判断

　市町村（特別区を含む）教育委員会は、翌年度に就学する子どもの学齢簿を作成し、就学時健康診断等を実施します。そして、区域内に在住する子どもに障害がある場合に、保護者との面談や本人の行動観察等を行い、医療や教育の専門家の意見を求め、子どもの障害の状況に基づく教育的ニーズや教育上必要な支援、地域における教育の体制の整備状況、その他の事情等を勘案し、本人・保護者の意見を可能な限り尊重して、子どもの就学先についての総合的判断を行います。

　ここでは本人・保護者の意見を重視したうえで、市町村教育委員会、学校等との合意がはかられることが、最も重要です。

　市町村教育委員会は、就学予定者のそれまで行われてきた支援の内容、把握された教育的ニーズと必要とする支援などについて保護者や保育・教育、医療、福祉、保健等関係機関と連携して、「個別の教育支援計画」等として就学先に引き継ぐための資料を作成します。既に幼児期の支援で相談支援ファイルなどがまとめられている場合は、それが有効に活用されることが大切です。

　就学先の決定等

　子どもの就学先は総合的に検討され、本人・保護者、市町村教育委員会、学校等との合意を原則として、最終的には市町村教育委員会が決定する仕組みになっています。

　就学先の中で特別支援学校への就学が適当であると判断された場合は「認定特別支援学校就学者」として、市町村教育委員会は都道府県教育委員会へ通知します。

　こうした手続きによって小学校へ就学の場合は市町村教育委員会、特別支

援学校の場合は都道府県教育委員会が、それぞれで就学予定者に対して入学期日の通知を行うことになります。

なお、就学を迎えそれぞれの学校生活が継続される途上で、子どもの障害の状態や適応の状況等から学びの場の見直しが生じた折には、柔軟な対応で転学等が行われるように配慮されています。

障害のある子どもたちにとって適切な教育支援が目指され、多様な学びの場を保障していくためには、「個別の教育支援計画」等を活用して継続性のある支援が行われ、乳幼児期から学齢期、学校卒業後等の子どもたちのライフステージのそれぞれに応じた支援の引継ぎが重要になると思われます。

引用・参考文献 ──────────────

1) 文部科学省ホームページ「特別支援教育」http://www.mext.go.jp/a_menu/01_m.htm
2) 文部科学省初等中等教育局特別支援教育課「教育支援資料～障害のある子供の就学手続と早期からの一貫した支援の充実～」平成 25 年 10 月.
3) 香川邦生（編）『個別の教育支援計画の作成と実践──特別なニーズ・気になる子どもの支援のために』教育出版、2005 年.
4) 香川邦生・大内進（編）『特別支援教育コーディネーターの役割と連携の実際──教育のユニバーサルデザインを求めて』教育出版、2012 年.
5) 香川邦生（編著）『五訂版 視覚障害教育に携わる方のために』慶應義塾大学出版会、2016 年.

（猪平眞理・楠田徹郎）

● 子どものさらなる成長を願う教師の思い ─────────────

「全盲のIさんを担当してくださる方へ」
─幼稚部担任から小学部新1年生への引き継ぎ資料から─

　登校したIさんは移動中、渡り廊下の所で必ず立ち止まって「おひさまがあたっている、ポカポカ暖かい」と言います。年長児の後半に気づきました。そういうとき「毎日同じことを言わなくていいよ」と返したら、彼女の学習は今後発展しなくなると思います。ここには彼女のいくつかの貴重な学びがあると思ったからです。例えば、①一緒に歩いている人が、どんな人かの確認、②歩くときの自分なりのランドマーク作り、③太陽の向きや天候を感じ、季節など今後の学習につながる発見、④自分で分かっていても承認を得ることでの安心感、などです。

　目的の教室に着くまで時間がかかり、つい急かせてしまいがちですが、「一つひとつの行動には意味のあるものでIさんにとっては学習なんだ」ということを頭において関わるよう心がけました。

　初めのうちは、彼女のやりたいことと、こちらが向かわせたいことの板挟みになるかもしれません。幼稚部生活でたくさん遊び、多くの物を触る学びの中で、彼女との関係が何とかできるまで1年以上かかりました。気持ちに添っていくということの難しさを感じ、私自身とても悩みました。教師との関係ができていけば、気持ちの切り替えも早くなると思います。まずはじっくり受け入れることから始めていただけると嬉しいです。

　視覚障害児は「見よう見まね」ができないので、一度の失敗は大きな打撃となります。ましてや、教師から「違う、違う」と否定されたり、「やればできるんだからひとりでやりなさい」と言われたりしても、何をどのようにしたらよいのか分かりません。そのため、着替えなど日常生活動作の習得のために、細かいステップに分けて検討し、成功体験を積んでいけるようにしました。

　小学生になると教科学習はもちろん、低学年は引き続き概念づくりの大切な時期でもあります。Iさんにとっては、これから先の点字習得や歩行の学習につながっていきます。生活の中でIさんの発見を大切にし、彼女から「できた！」のことばがたくさん出てくることを願っています。

（久田まり子）

小学校 弱視学級を担当して

　小学校で弱視児の支援にあたっています。

　通常のクラスの中で学ぶ弱視児童への一番の課題は、メンタル面での支援だと思っています。

　入学後しばらくは「見えません」などと声を出していても、回数が重なると周りが気になり発信をしにくくなるようです。また、タブレットや弱視レンズなどの特別な教材教具を自分ひとりだけが使うことに対して拒否感を示すことも多いのです。そうした子どもも、弱視学級の中では「本当は全然分からなかった」と本心を語り、補助具等も嬉しそうに使用しています。弱視学級や視覚特別支援学校などの通級によって、弱視児が安心できる場で自己開示の機会を持ち、自信を得ていくことの大事さを感じています。

　友達との関わりでは、時々誤解が生じます。弱視児は、遠くから手を振られても気がつかず相手に無視されたと思われる、表情が分からず相手の気持ちを受けとめにくい、相手を確認するために必要以上に顔を近づけて見てしまう、などからです。弱視児本人にもこうした誤解が生じることを伝え、友達にはなるべく声を出したり、名前を呼んだりしてもらうように説明しておくことを勧めています。そして人と話すときの距離感は、具体的な例を家庭生活などで学んでおくようにアドバイスしています。

　他方、支援・指導する者として心がけていることがあります。弱視の子どもが静かにしているときの声かけです。弱視児が時にボーッとして集中していないのかと思われることがよくあるからです。学習をサポートする場合、児童が考える時間や自分でできることを見極め、意思を尊重する必要もあり、どう対応したらよいか悩みます。自己表現の弱い児童もいるため、本人の気持ちを確認することを大切にしています。

（中野由紀）

● 子どものさらなる成長を願う教師の思い ─────────

共感し合える仲間づくりの大切さ

　小学校に在学する盲児の支援にあたっています。

　地域の小学校集団の中で社会性を育むことは、盲児が将来社会参加を果たしていくことを考えればとても大切なことです。また小学校での学び合いは、晴眼児にとっても盲児にとっても、互いに違いを認め合い個の多様性を知るよい機会となります。ただ注意したいのは、単に集団で同じ場を共有しても、視覚障害の特性すべてを自然に理解できるものではない、ということです。

　学習活動を進めていく中で、盲児には支援が必要な場面が多々あります。例えば校外学習で移動の際に手引きが必要だったり、視覚情報を言葉で説明したりするといった支援です。そのような経験を繰り返しているうちに、晴眼児は盲児のことを「やってあげなければならない存在」で「同情すべき相手」だと勘違いすることがあります。そのような誤解を生まないよう、指導者は盲児に対して、視覚に関わる支援をするということは皆が同じスタートラインに立つために当たり前のことなのだ、という適切な知識・理解をもち、晴眼児に伝えなければならないと思います。

　あわせて、小学校で学ぶ盲児には、共感し合える仲間との出会いも欠かせません。晴眼児と一緒にいる盲児は、学校の活動の中で、例えば学級で誰かが面白い顔をして見せ周りのみんなが一斉に笑っても、盲児には何が起きたのか、なぜみんなが笑っているのか分かりません。みんながひとしきり笑った後に、なぜみんなが笑ったのかを説明されても、盲児はその面白さを友達と同じタイミングで共有し、一緒に笑い合えるといった何気ない経験が難しいのです。

　視覚特別支援学校では、盲児が共感し合える仲間と出会う機会を提供しています。各地域の視覚特別支援学校で行われている、小・中学校に通う児童生徒を対象としたサマースクールや体験学習会、交流会などがそれにあたります。地域の小学校で学ぶ盲児にとって、そのような行事に参加することが仲間と出会う貴重な機会となります。思いを共有し共感し合える仲間の存在は、子どもに安心感を与えるとともに、その子が成長していく過程で気持ちの拠り所にもなるはずです。共感できる仲間を一人でも多くつくるために、それらの機会を積極的に活用してみてはどうでしょうか。

（髙橋里子）

視覚障害と肢体不自由を併せ有する子どもたちに出会って

　盲学校を転出し、今は肢体不自由校で小学部重複学級を担任しています。

　わが子のためと一心で、医療機器の使い方を覚え、夜も昼もなく吸引や発作への対応をしている多忙と緊張の中にあるお母さんたち。その願いは、教師への子どもを愛し、子どもの可能性と成長を発見して育ってくれる喜びを一緒に味わってほしいというものでした。私はなんとかそれに応えたいと思いました。

　子どもたちの教育に大切なことは、どの子どもにとっても同じです。「この人がいれば大丈夫」と安心して挑戦できる環境になること。「もっとしたい」という気持ちを育て、発見できる環境をつくること。そして、気づきや挑戦を「一緒に楽しみ、喜んでくれる」と思える隣人になること。

　ただ、視覚障害と肢体不自由が重複する場合には、安心して興味をもち、達成感を味わえる環境をよりていねいに整える必要があります。①自由に手足や口を動かせる体幹の安定、②見えない・見えにくい周囲の環境に興味をもち、達成感を味わいやすい声かけや音・感触、③やりたい気持ちに寄り添う適度な支え、などです。

　例えば触れ合い遊びなら、大好きな姿勢で、大好きな人に明るい声と温かい手で触れられることで、愛情を深め、身体に気づき、見通しをもっていきます。一緒に手を伸ばしてどうすれば手が届くかを知り、肘を支えられて手が動きやすくなることで、友達などに自らタッチする行動も出てきます。その中で、より人が好きになり、対象への興味が増していきます。

　また、伝える意欲を育てることも、より配慮が必要です。呼吸や発声の難しさ、筋肉の動かしにくさなどと静かに闘っている子どもたちです。そこから発露された小さな動き、指先、まぶたや唇など無意識の反応を受けとめてこちらから返していくと、「伝わるかもしれない」「伝えたい」と徐々に意識して動かすことが増えてきます。意思を明確に伝えられるようになり、周囲の人と関わる意欲も増し、それらの相乗効果でやりとりが豊かになっていきます。

　保護者に寄り添いながら、子どもたちが自分の知らなかった自分になる、自分の力で世界を変えていくというような教育を実現できたらと願っています。

（岩本真抄）

┌─ COLUMN ─────────────────────────────

盲学校内で行うインクルーシブ保育の試み
―視覚障害のある幼児が経験できたこと―

　以下は、盲学校幼稚部で 1980 年代を中心に 10 年余続けた試みです。

○目的：視覚障害児に安心感があり、主体性を発揮しやすい居場所で、
　　　　見える子どもたちと交わり、育ち合いをめざす保育の実践。

○方法：週の前半の月～水曜日の 3 日間、9 時 30 分～ 11 時 30 分の
　　　　設定。見える幼児は盲学校の近隣に住む 3 歳児男女 8 人で、視
　　　　覚障害児の遊び仲間のチューリップ組（T 組）として通います。
　　　　期間は毎年 5 月～次年 3 月、毎月の親子遠足や幼小学部合同の
　　　　運動会、音楽会などの行事にも参加する、年間を通しての実施
　　　　です。視覚障害児は 3 ～ 5 歳児の 5、6 人。盲児が多く、知的
　　　　発達に遅れを伴う子どもは半数ほどでした。教員（保育者）は
　　　　3 人です。

○成果：目の見える幼児 8 人が加わると、幼稚部のエリアはにぎやかな
　　　　エネルギースポットに変わります。その子どもたちが相互に関
　　　　わる中で生み出される様々な事柄や、視覚障害児の心が育った
　　　　と思われる経験を挙げてみます。

①躍動感のある音声や子どものことばによる活性化

　5 月、T 組の 8 人が加わると、そのボリュームのある音声は、視覚障
害児にとって初めのうちは煩わしく緊張感を抱く騒音そのものです。し
かし、ほどなく慣れてくると、「集まり」では、在籍の U 男は T 組の子
どもたちの歌声に身を乗り出して耳を寄せ身体全体を揺らして楽しんだ
り、H 夫は保育者の声を聞くだけだったのが T 組が共にいると声をはり
上げて歌ったりするようになりました。こうした子どもたちの歌声には
仲間としての一体感を感じ、心惹かれ、活性化をもたらすファクターが
あると思われました。

　また、T 組の子どもたちのことばはコミュニケーションや思考、感情

等の表現として発せられますが、そのことばは見える子どもとして周囲の人や物、その様子の映像を数多く表し、伝達の役割まで果たします。「こっちの山のほうがおっきいよ」「みんな泥だらけ！」など、子どもの目線にある状況の把握は貴重な情報提供となっていました。これは視覚障害児にとって興味や関心を抱きやすい事物への解説ともなり、イメージの拡大につながるものでした。

②遊びの発展、拡大への援助

　盲児がかくれんぼ遊びを楽しむことがありました。「もういいかい」の呼びかけに身を隠さなければならないのですが、Ｔ組の子どもや保育者とのペアで隠れ方を教わります。盲児は、子どもたちが鬼に次々に見つかるまでのスリルが何よりも面白く、仲間と共感して味わいます。そこでは、子ども同士、見える・見えないことにそれほど拘泥せず、Ｔ組がいることで盛り上がった遊びでした。

　ままごとでは、蛇口を一気に開栓してジャーと音を立て、「天ぷらです」といった在籍のM子の音遊びが、Ｔ組の子どもたちとはレストランごっこに発展。お鍋やフライパンを使い、器やお皿を並べ、コックさんウエイトレスなどと役割分担をして、視覚障害児も料理運びをするなど、遊びは大きく広がっていきました。

　視覚障害のある子どもには日常習得する体験や情報に不足が生ずるため、遊びの展開の支援指導には知恵を絞りますが、そこにＴ組の見える子どもたちが加わることで共有する発想や工夫が自然な形で生かされるものになっていました。

③子ども相互のトラブルや葛藤の体験

　幼児の遊びの世界はぶつかり合いに満ちています。子どもたちは自己

　主張をし、いざこざを起こしつつ、楽しい遊びには折り合いをつける必要のあることを学び、自己抑制や制御する力を育てていきます。
　T組との遊びの中でぶつかり合いの最も多いのが、遊具の取り合いです。行動面で制約を受ける視覚障害児は劣勢に立たされることが多くあります。在籍のS男は遊具を取られ、悔しさに大声で泣いていたところ、そっと取り戻してくれるT組の優しい女児の存在があったり、保育者からの助言で、「貸して」のことばを懸命に使うH夫がいたりしました。
　年長組のE夫は、3歳児であるT組の子どもたちには言語力で勝っており、遊具の調達を頼める仲良し組もできていましたが、大事に使っている遊具を持って行かれた折には、ことばで相手をひどく非難して、気持ちを収めたこともありました。
　こうした見える子どもとのいざこざを通しての深い学びの経験は、視覚障害児が主体的な関わりができる子ども集団でこそ、生まれるものだと思います。

○まとめとして
　インクルーシブ教育・保育は、形としては大勢の目の見える子どもに囲まれる集団に属して行われます。しかし、視覚障害があると広い空間の場や多人数の個々の動きの把握は困難です。視覚障害児が主体性のある行動をとりやすく、他児と情報を共有しながら遊び、生活するためには、少人数が適していると思います。
　T組の子どもたちの年齢は、盲学校に通える近辺の在住児となる制約のために3歳児に限られ、遊び仲間としては不十分な側面もありました。
　T組の子どもたちは当初、視覚障害児の目の様子について不思議そうに質問しますが、淡々とした保育者の説明にこだわることもなく、また、盲児へのガイドの方法も保育者の行動から習得していました。そのうち、

場所の把握ができない盲児には手をつないで導いたり、おやつの席で自分の分の確認に迷っていると盲児の手を取り触らせたりする援助を、気負いや恥ずかしさなどなく自然にできるようになるのは心あたたまる光景でした。さらに、盲児に見習い粘土遊びの作品をお互いに触り合って鑑賞する様子は、相互の交流に必要な手段として活用していました。

　幼児期の学びは、保護者の支えが大きな力となります。在籍児とＴ組の保護者は朝の登校時や毎月の親子遠足等で交流を重ねていきます。お別れ会では、在籍児の保護者からは双方に遠慮のない交わりができ子育てに勇気と自信を得たこと、Ｔ組の保護者には意義ある子育て支援を受け、親にも奥深い体験になったという声が毎年聞かれました。Ｔ組の子どもたちはその後多くが４歳入園の公立幼稚園に入園しましたが、盲学校でのＴ組の１年間がプレ保育として好評で、Ｔ組希望者が定員の２倍、３倍となる要因になりました。

　こうした幼稚部の取り組みは、大きく見れば地域の人々に盲学校への理解をはかり、視覚障害のある人と絆を結ぶ契機にもなり、意義があったのではないかと思っています。

参考文献
　・猪平眞理・金本りせ子・高見節子「混合保育の中で育つ視覚障害幼児の心」、『視覚障害』111号、1991年、p1-21.

（猪平眞理）

─ COLUMN ─

視覚に障害のある乳幼児の発達を把握する工夫
─種々の発達検査法を補助的に利用するために─

　乳幼児に発達検査を行うためには様々な検査法がありますが、視覚障害のある子どもに利用できるものは限られてしまいます[1]。それはほとんどの検査法には視覚を必要とする検査項目が存在し、適用の難しさがあるからです。

　全国視覚障害早期教育研究会では、視覚障害のある乳幼児のアセスメントの資料をさらに幅広く得るために、有志の勉強会で一般の発達検査法を視覚障害児に向けて利用する工夫について検討してきました。

　視覚障害のある子どもの視力の程度は、全く見ることのできない全盲から見えにくさのある弱視まで様々です。さらに、眼疾患によっても見え方は千差万別であり、乳幼児が育つ過程で受ける発達の影響も個々に大きく異なることが推測できます。そうしたこともあり、工夫次第では、一般の発達検査法の活用は視覚に障害のある子どもにとっても、適切な支援、指導に向けて生かす意義があると考えました。

　ここでは種々の検査法について具体的には触れませんが、視覚障害がある場合に不利になる検査項目に対して、次の3点の配慮で補う考え方をご紹介します。

発達検査を実施するための、
視覚に障害のある乳幼児に対する検査項目への配慮

配慮①　安心できる補助があること

　視覚障害によって特に移動や運動などには不安が伴います。「この人がいるから安心」「ここなら思いきり動ける」という安心して動ける環境を整えることが大切です。そのため、見守っていることやめざす場所が分かるよう、声をかけたり、軽く手を添えたりします。

　例：走る───→片手を添えると走る
　　　両足でとぶ─→片手を添えると両足でとぶ

配慮②　感覚代行によること

　　視覚を必要とする項目については、視覚障害の程度に応じて聴覚、触覚など他の感覚を活用します。ただ、触覚による認知は視覚よりも時間を要するため、幼いほど本人が慣れ親しんだ操作や動作が容易なものを使用することが必要です。

　例：顔を見る―――→人の声を聞く

　　　身ぶりのまね→ことばで身ぶりをする（パチパチ・トントンなど）

配慮③　意欲と達成感などの心の育ちを見ること

　　視覚によって促されることの多い手の運動や移動の発達と密接に関連する項目については、できる・できないよりも、その項目がめざしている心の育ち、やりたい気持ちが育っているか、達成感が得られているかを見ます。

　なお、検査法の補助的な利用には以下のような注意も必要でしょう。

ⅰ）対象児の状況によって柔軟に対応し、発達の状況の大まかな把握にとどめること。

ⅱ）検査項目への工夫によっては本来の検査とは多少異なる結果になる可能性があること。

ⅲ）検査時の記録を丁寧に記載して実際の支援に生かせるようにすること。

参考文献

1）「広－ＤＫ式視覚障害児用　発達診断検査」
　　五十嵐信敬『視覚障害幼児の発達と指導』コレール社、1993年、p198-209.

2）「個々の実態に応じた行動要素の活用」
　　香川邦生『分かりやすい「自立活動」領域の捉え方と実践』教育出版社、2015年.

3）遠城寺宗徳『遠城寺式・乳幼児分析的発達検査法（九州大学小児科改訂新装版）』慶應義塾大学出版会、2009年.

4）前川喜平・三宅和夫（編）『発達検査と発達援助〈別冊発達8〉』ミネルヴァ書房、1988年.

（猪平眞理・岩本真抄・全早研発達研究グループ）

●著者紹介 (50音順)

荒木　良子*　　福井大学教職大学院准教授（元盲学校教諭）

今井理知子　　元大阪市立盲学校教諭

岩倉　倶子　　元東京都立盲学校教諭

岩本　真抄　　三重県立特別支援学校教諭（元盲学校）

柿澤　敏文　　筑波大学人間系教授、同大学附属視覚特別支援学校長

楠田　徹郎　　東京都教育庁（元盲学校教諭）

坂本由起子　　秋田県立栗田支援学校教諭（元盲学校）

﨑山　麻理　　和歌山県立和歌山盲学校教諭

杉山利恵子　　元千葉盲学校教諭

髙橋　里子　　福島県立視覚支援学校教諭

髙橋　奈美　　群馬県立聾学校教諭（元盲学校）

高見　節子　　元筑波大学附属視覚特別支援学校教諭

千木良あき子　千木良デンタルクリニック（宮城県白石市）副院長、
　　　　　　　昭和大学歯学部兼任講師、歯科医師

富田　　香　　平和眼科（東京・池袋）院長、眼科医師

中野　由紀　　川越市立小学校教諭（元盲学校）

中村　素子　　秋田県教育委員会（元盲学校教諭）

馬場　教子　　児童発達支援事業非常勤講師（元東村山市幼児相談室長）

久田まり子　　元静岡県立静岡視覚特別支援学校教諭

森　　栄子　　千葉県立特別支援学校教諭（元盲学校）

山口　慶子　　宮城県立こども病院眼科医師、
　　　　　　　東北文化学園大学医療福祉学部教授

吉野由美子　　視覚障害リハビリテーション協会長（元高知女子大学准教授）

（2018年2月現在）

＊2020年より全国視覚障害早期教育研究会会長。

編著者紹介
猪平眞理(いのひら まり)
全国視覚障害早期教育研究会会長(2020年より名誉会長)。宮城教育大学名誉教授。
1947年鳥取市で出生。お茶の水女子大学家政学部児童学科卒業。
筑波大学附属盲学校教諭、宮城教育大学教育学部教授などを経て現職。
著書等に『特別支援教育への招待』(共著、教育出版、2005年)、『特別支援教育
支援員ハンドブック』(共著、日本文化科学社、2010年)、ビデオシリーズ『視
覚障害乳幼児の支援 第1～4集』(監修、全国視覚障害早期教育研究会、2005
～2013年)、『五訂版 視覚障害教育に携わる方のために』(共著、慶應義塾大学
出版会、2016年)、『キーワードで学ぶ障害児保育入門〈第2版〉』(共著、教育
情報出版、2017年)ほか多数。

視覚に障害のある乳幼児の育ちを支える

2018年2月24日 初版第1刷発行
2021年9月15日 初版第4刷発行

編著者―――猪平眞理
発行者―――依田俊之
発行所―――慶應義塾大学出版会株式会社
　　　　　　〒108-8346 東京都港区三田2-19-30
　　　　　　TEL〔編集部〕03-3451-0931
　　　　　　　　〔営業部〕03-3451-3584 <ご注文>
　　　　　　　　〔 〃 〕03-3451-6926
　　　　　　FAX〔営業部〕03-3451-3122
　　　　　　振替 00190-8-155497
　　　　　　https://www.keio-up.co.jp/
装　丁―――三宅理子
装丁画―――本郷けい子「花電話」
印刷・製本――中央精版印刷株式会社
カバー印刷――株式会社太平印刷社

慶應義塾大学出版会

五訂版
視覚障害教育に携わる方のために

香川邦生 編著
猪平眞理・大内進・牟田口辰己 共同執筆

視覚に障害をもつ子どもの特性や心理を踏まえ、乳幼児期から学校教育を経て社会的自立に至るまで、発達段階に合わせた養育・指導上の配慮を解説。教員はもとより、保護者やボランティアにとっても必読の書。

A5判／並製／320頁
ISBN 978-4-7664-2367-9
定価3,300円(本体 3,000円)

◆主要目次◆

第1章　眼の機能と視覚障害
第2章　視覚障害教育のあゆみ
第3章　特別支援教育と視覚障害教育
第4章　視覚障害児童生徒の教育と就学支援
第5章　教育課程と指導法
第6章　自立活動の基本と指導
第7章　視覚障害児のための教材・教具
第8章　乳幼児期における支援
第9章　視覚障害者の職業
第10章　視覚障害と福祉
[資料] 視覚障害教育に関わる基礎的文献

慶應義塾大学出版会

盲児に対する
点字読み指導法の研究

点字読み熟達者の手の使い方の分析を通して

牟田口辰己 著

視覚障害教育の中でも特に専門性が求められるのが点字教育である。教育現場での四半世紀にわたる地道な実践をもとに、子どもの点字読速度の発達過程を探り、点字読み熟達者の調査から効率的な両手の使い方を追求する。日本の点字教育の貴重な記録・分析の書。

A5判／上製／224頁
ISBN 978-4-7664-2398-3
定価5,500円（本体 5,000円）

◆主要目次◆

第一部　序　論
　第1節　特別支援教育と視覚障害教育
　第2節　点字の概要
　第3節　点字読速度に関する研究
　第4節　我が国における点字触読指導法

第二部　本　論
　第一章　盲児の点字読速度に関する研究
　第二章　点字読み熟達者の読速度に関する研究
　第三章　効率的な両手読みを意図した点字指導法
　　　　　に関する研究

慶應義塾大学出版会

障害の重い子どもの
目標設定ガイド　第2版
——授業における「Sスケール」の活用

徳永豊 編著　「Sスケール」を活用した目標設定に必携。知的障害などで学ぶことの困難さが大きい子どもの学習評価の画期的なツールである「Sスケール（学習到達度チェックリスト）」の仕組み、具体的な活用方法、実践事例を解説。
定価 1,100 円（本体価格 1,000 円）

障害の重い子どもの
発達理解ガイド
——教科指導のための「段階意義の系統図」の活用

徳永豊・田中信利 編著　知的障害などで学ぶことの困難さが大きい子どもの学習評価の画期的ツールである「学習到達度チェックリスト」の仕組み、具体的な活用方法、実践事例を解説。
定価 1,100 円（本体価格 1,000 円）

特別支援教育の
カリキュラム・マネジメント
——段階ごとに構築する実践ガイド

一木薫 著　10 ステップで課題を見出し、解決へ導く。特別支援学校等への指導実績が豊富な著者が、自校の課題の洗い出し、基本の解説や事例紹介にとどまらず、具体的な解決方法へ導く実践的な解説書。
定価 1,210 円（本体価格 1,100 円）

慶應義塾大学出版会

遠城寺式
乳幼児分析的発達検査法
九州大学小児科改訂新装版

遠城寺 宗徳 著

簡便な検査法によって、子どもの発達を各機能に分析して測定できる。心身障害児の状態、発達の様相を短時間に診断でき、正常児においては、発達指導の基礎資料を得るのに便利である。装丁、検査カードのイラストや一部解説文を刷新。

◆主要目次◆

序
検査の作製まで
検査用具
検査の実際
    [検査用紙記入例]
検査問題
    移動運動／手の運動／基本的習慣
    対人関係／発語／言語理解
結果の処理
妥当性の検討
むすび

付録:検査用紙(実物見本)、絵カード、色紙

解説書：A5判／並製／64頁　ISBN 978-4-7664-1621-3　定価880円(本体 800円)

【別売】検査用紙：B4判50枚1組　定価880円(本体 800円)